U0580054

说不尽的大槐树

祖先记忆、家园象征与族群历史

赵世瑜　著

北京师范大学出版集团
BEIJING NORMAL UNIVERSITY PUBLISHING GROUP
北京师范大学出版社

赵世瑜

北京大学博雅特聘教授、北京市文联副主席，北京民间文艺家协会主席、中国地方志指导小组成员，第二届教育部基础教育课程教材专家工作委员会委员。主要研究方向为10世纪以来的中国社会史、历史人类学及民俗学史。主要著述有《在空间中理解时间：从区域社会史到历史人类学》《小历史与大历史：区域社会史的理念、方法与实践》《狂欢与日常：明清以来的庙会与民间社会》等多种。

目 录

自 序

近 20 年来，在我的区域社会史研究中，我一直比较注意华北地区，尤其是山西，因为那里留下的资料太丰富，对我们来说简直是座宝库。

华北地区的资料多，原因之一是那里是华夏文明的发源地，文明的发展没有间断。在那里考察的时候，我经常发现乡间的碑刻资料中动辄追述自己这里的文化与"鸟生鱼汤"（金庸小说《鹿鼎记》主角韦小宝提到尧舜禹汤时的用语）的关系，这一点是华南地区没有的特点，因此我力主华北的研究要注意长时段的脉络。原因之二是出于同样的道理，对华北地区的研究长期关注周秦汉唐的历史——其实对河南和陕西的研究也一样，因为那个时期留下来的东西很丰富，至于宋以后的资料，特别是明清以降的资料，大家似乎不够重视。就山西来说，明清时期的研究又多局限于晋商的研究，尤其集中于晋中票商的研究，这不仅远远不足以认识山西，也不足以深入地了解晋商。原因之三是我们在对河南西北部和内蒙古地区进行考察和研究时发现，如果不能很好地理解山西的历史，也就不容易理解那些地区的历史。

要了解山西以至华北，便无法回避山西洪洞大槐树移民的问题。提到这个问题，不仅学术界，而且华北的老百姓，都绝不陌生，真正属于雅俗共赏、妇孺皆知的话题。事实上，即使是在历史上，它也是个士绅和民众都非常关注，并且为其研究付出了许多努力的问题。因此，对于理解历史上文化之共享与互动，这绝对是个很好的切入点。但是，此问题之所以真正引起我的兴趣，是因为我在一般性地翻检山西地方文献的时候，发现这个影响如此广泛的事件，在民国以前各种版本的《洪洞县志》中，竟只字未提，只是在民国六年(1917)的版本中，才被记述下来。这究竟是个子虚乌有的神话呢，还是由于观念的问题，以往的地方志编纂者不屑于将其记录下来？

类似的问题其实很多。在广东的南雄珠玑巷移民传说、客家的石壁村移民传说、南方许多地方的南京珠玑巷（或别的地名）移民传说以外，北方还有东北等地的山东小云南移民传说、山东枣林庄移民传说等，这背后究竟反映的是怎样一个历史变迁的过程，的确值得深入探讨。本来我希望将山西洪洞大槐树移民传说作为研究的主体，兼及华北其他地区的移民传说，但经过几年的研究，发现这在一段有限的时间内，不过是一种奢望；即使是对洪洞大槐树移民的研究，由于自称移民后裔的人遍布全国，即就相对集中的地区而言，也至少涉及除山西以外的河北、河南、陕西、山东、内蒙古的大片地区，除非像过去那样做一种全景式的鸟瞰，并非在细致的田野资料的基础上进行，否则完全无法完成。因此，这里只好将研究范围限制在洪洞大槐树移民的问题上。即便如此，目前我们所做的工作就区域而言也不是均等的，有的地方细致一些，有的地方粗疏一些，希望今后再不断加以补充，这是需要向学界和所有读者说明的，也需要大家给予谅解。

之所以是这种情况，也在于我所做的并非仅仅牵扯到传说本身。传说本身只是一个研究的切入点，或者说只是一种构建历史的文本。我希望借此更多地了解这背后的区域历史变迁过程，再把这个过程放回到大历史中去审视。因此，这个问题牵扯到历史时期区域开发的问题、宗族的问题、信仰的问题、士绅的问题、族群的问题，特别是军事制度的问题。我以为唯有如此，才能真正或者比较准确地理解这类传说的产生和流布。这也正体现了我思考的关于区域社会史或者历史人类学的方法论意义，而这将在下面得到更充分的解说。

必须要说抱歉的是，关于洪洞大槐树传说与华北移民的研究曾列入国家哲学社会科学基金项目，虽然已有一定的研究基础，并有一些新的研究计划，但后来还是发现以个人之微力，在三五年中做完这项工作是件不可能的事，因为如果要真正了解不同地方的人讲述这个故事背后的真正原因，必须把握该地方的历史脉络。因此只好采取退项的办法，而且自那以后再也没有申请过国家基金项目。

的确，日前读到中国社会科学院历史研究所邱源媛博士关于清代直隶霸州的旗人社会中"燕王扫北"和大槐树传说的研究[①]，首先想到的是，这些在清初带地投充的旗人原来是什么人？其次想到的是，在这些人中，这类故事何时开始流传？要回答这类问题，必须回到霸州地方和那些旗人的历史中。对于目前的我来说，做数十个这样的地方个案（每一个应该类似一篇博士论文的规模，分布在北方不同省份），完全是一种奢望。

这本小册子以发表在《历史研究》上的《祖先记忆、

家园象征与族群历史——山西洪洞大槐树传说解析》一文为主体，但在文中，也做出了一些我认为是相当重要的补充。后来发表在《华东师范大学学报（哲学社会科学版）》上的《从移民传说到地域认同：明清国家的形成》一文，可以视为前文的延伸。这篇文章的主旨是，至今流传的各地的移民传说发端于明，传布于清，并不是偶然的，也不仅仅是王朝更迭之后传统的以"狭乡"之民填"宽乡"举措的结果。其大的背景是明清时期国家［或如欧立德（Mark Elliot）所说的"帝国"］的形成及其扩展，因此便必然牵扯到地域、族群、边疆等复杂的情势。最后一篇是10多年前为完成项目所写的学术史梳理的一部分，有不少新的研究未能尽量补充进去，加以讨论，其以为憾。其附列于此，当对理解前文有所帮助。

时光荏苒。自拙文发表之后，陆续有许多相关大作问世，如刘德增的《大迁徙——寻找"大槐树"与"小云南"移民》（山东人民出版社2009年版）、陈世松等的《大移民——"湖广填四川"故乡记忆》(四川人民出版社 2015 年版)等，或钩稽了大量民间文献，或进行了许多田野调查，对我的启发颇多。我依然相信，不同的地方讲相同的故事，既有"人云亦云"所反映出来的相同的大背景，也有不同人群在具体生存环境下有着各自的利益诉求的原因。这是我们最需要花大气力去了解的。

是为序。

2016 年元旦

注　释

① 邱源媛：《口述与文献双重视野下"燕王扫北"的历史记忆构建——兼论华北区域史研究中旗人群体的"整体缺失"》，载《中国史研究》，2015(4)。

祖先记忆、家园象征与族群历史

——山西洪洞大槐树传说解析

关于明初山西洪洞移民的问题，由于北京、河北、山东、江苏、陕西、河南、安徽、东北各地以及山西本省的许多地方长期广为流传山西洪洞大槐树的传说，并大量载之于家谱、墓志和地方志，因此多年来为学术界所关注。①根据目前的文献资料，在一个相当长的历史时期内，涉及山西的移民活动事属无疑，但根据谱牒统计，祖先来自此处的涉及 11 个省的 227 个县，移民人口达到百万以上，也引起众多学者的怀疑，但终无合理的解释。如果我们追寻有关此事的传说和历史，以其中所反映的人口迁移过程中的共同心态、移民有关祖先和家园的集体记忆和历史记忆作为研究对象，探讨大槐树或老鸹(鹳)窝被塑造成为一种神圣象征的过程，对此类话语背后的意义进行福柯（Michel Foucault）所谓"知识考古学"的探究，我们或可发现这些话语和象征是如何被创造出来的；或者我们也可以通过研究这些传说的不同类型和传承特点，发现其背后的社会文化情境（socio-cultural context）。

关于明初山西洪洞移民的传说故事，包括迁民缘起的传说，大槐树地点的传说，官府强迫或欺骗迁民的传说，脚指甲复形、背手、解手的传说，"打锅牛"分家的传说，迁民定居过程的传说等若干类，每类下又有不同版本的异文。我们从中似乎可以发现，尽管这些传说的产生很难定时（timing），但其基本母题和主要情节是在两个特定的历史时期，即金元北方民族大融合以后的明清汉人族群意识重塑时期和清末民初民族主义意识构造时期集中产生的，探讨诸如这样的一些历史过程，也许可以被视为采用历史人类学视角的思想史。

一、集体记忆之一：大槐树传说故事诸文本

"若问老家在何处，山西洪洞大槐树；祖先故居叫什么，大槐树下老鸹窝。"② 关于大槐树和老鸹窝（其实文献中多写作老鹳窝），即使地方文献也有不同的理解。例如，署光绪十年（1884）的河南焦作市阎河村《始祖刘旺登墓碑》记："刘氏相传本山西洪洞县大槐树村人也。"署光绪十三年（1887）的山东菏泽市粪堆王《王氏谱序》说："始祖原籍山西洪洞县老鹳窝木查村。"曹县大马王《王氏合谱》说："始祖原系山西平阳府洪洞县老鹳窝之民。"河南民权县的《段氏历代世系姓考》说："洪武三年，奉令由山西洪洞老鹳窝卢家村……迁移冀、鲁、豫三省交疆之地。"这都是把它们传为地名的记载。另外，也有署康熙六十年（1721）的河南内黄县邢固村《王氏祖碑》称"山西省洪洞县枣林村，乃余家祖居地也"③，而众所周

知，枣林村或枣林庄是山东移民通常传说是自己祖籍的地方。还有山东滕县(今滕州市)的黄氏族谱称其祖先来自洪洞的喜鹊村，江苏沛县的孙氏家谱称他们来自洪洞喜鹊窝，这应该是因"老鸹"即乌鸦通常被视为不祥之物，而故意改为表示吉利的喜鹊，"鸹"写作"鹳"或亦因此故。因此，应把大槐树和老鸹(鹳)窝视为民众便于传承历史记忆的符号，而不必与历史真实联系起来。

本文所关心的，主要是围绕着这首脍炙人口的民谣形成的诸多关于洪洞大槐树与明初移民的传说故事及其背后隐藏着的某种历史记忆。

首先是关于迁民缘起的故事。关于从洪洞迁民的缘起，山东、河南、河北等地普遍流传着《胡大海复仇》《燕王扫碑》和《三洗怀庆府》等传说故事。

《胡大海复仇》说的是元朝末年胡大海在河南要饭，遭到当地人的侮辱。胡大海深感这个地方人情太坏，立誓要报此奇耻大辱。后来胡大海投入朱元璋的军队中，屡建奇功。朱元璋即位后大赏功臣，唯独胡大海不接受赏赐。朱元璋觉得很奇怪，问胡大海要什么，胡大海将在河南讨饭时的遭遇讲了一遍，请求朱元璋允他去河南报仇雪恨。朱元璋踌躇再三，答应他杀"一箭之地"。胡大海刚到河南地界，恰逢一行鸿雁飞来，胡大海飞箭离弦，正中最后一只雁的后尾，那雁带箭向前飞去，胡大海也统兵向前杀去，那雁飞过河南，又飞向山东，造成了河南、山东尸积如山。朱元璋后来只好下令从山西洪洞大槐树下往没人的地方迁民。

《燕王扫碑》说的是明朝河北、河南、山东广大地区闹"红虫"，把人吃光了，才从洪洞大槐树处往这儿迁民。这个故事与"燕王扫碑"造成人烟稀少有关。碑实际上就是南京城的功德碑，即明朝皇族的祖宗碑。朱棣起兵靖难，造成中原、江北地区"千里无人烟"的局面。燕王的军队都头戴红巾，所以百姓们都称之为"红虫"。"红虫"含有瘟疫的意思，所以民间有"红虫"吃人的传说。不久朱棣又把都城迁到北京，并下令从洪洞大槐树下移民到山东、河北、河南、浙江一带开荒种田，发展农业生产。

《三洗怀庆府》说的是今天的河南修武、武陟以西，黄河以北地区，明朝时为怀庆府所管辖，元末天下大乱，朱元璋的军队与元军在这里展开了拉锯战，双方都让百姓在门面挂上拥护他们的牌子，老百姓苦于应付，叫苦连天。这时有一个年轻人想了一个既省事又方便的办法，在牌子的正面写上拥护农民军，在反面写上拥护元军，这样不论何方攻过来，只要一翻牌子就可以了。有一次农民军攻来，有一块牌子从门上掉下来，恰巧落在常遇春马前，被常遇春识破了机关，他便把此事报告给了朱元璋。朱元璋正因战事毫无进展独生闷气，一闻此事更是火上浇油，立即下令常遇春把怀庆府地区的百姓斩尽杀绝。怀庆府地区的百姓都被杀光了，朱元璋继位以后便下令从人口密集的洪洞县往怀庆府移民。

与这个传说类似的是《大槐树下迁民的故事》，说的是建文帝与朱棣争夺皇位，百姓对双方都不敢得罪，便在门前挂的牌子的正反面各写上双方的名号，被建文帝方面发现，杀得黄河地区百姓所剩无几。④

其次是关于移民过程的传说。官府强迫或欺骗迁民的传说较早即见之于世，如署道光二十三年（1843）十一月的河南偃师市《滑氏溯源》中记："或有问未迁之先，祖居山西何地，故乡尚有何人？熙曰无据。老人相传，自洪洞大槐树下迁来。一说山西迁民不迁洪洞，故人多逃聚此邑，骤然行文，独迁洪洞，所以传至今，凡属迁徙者，各族皆有此说。"⑤由此说敷衍成的传说即所谓《迁徙记》。

该故事说明初由于灾荒和战乱，黄河流域居民大为减少。统治者便从人口稠密的山西往这儿迁民，洪洞县大槐树下就是明政府办理迁民手续的地方。附近各县的百姓，都聚集在大槐树下，往别处迁发。山西境内有个凤凰窝村，村内有许多人在朝里做事。此处人有一个明显的特征，所有人的小脚趾的趾甲分为两半。朝里有人好办事，皇上下令凤凰窝的人不迁，别地的百姓都要迁，于是人们都纷纷逃往凤凰窝投亲靠友、安家落户并且人越来越多。这样一来，朝廷着了急，又发布圣旨说："凡是凤凰窝的人必须外迁，不然灭族。"聚居在凤凰窝的百姓都傻了眼，没有办法，他们被官兵押解着办理了迁民手续，奔向黄河流域的各个角落。⑥

对此，河南安阳市的传说是，当时负责选民的后军都督佥事李恪，采用多种方法，诱迁不愿意离开故土的农民。有次他扬言：凡自愿迁籍的农民可到广济寺内办理手续，凡不愿迁籍者可到寺左侧的大槐树下等候裁定。此言一经传开，应迁农户多数挤至大槐树下。结果，凡到树下的农户，全部被迁徙。据说，当时大槐树上有个鸦巢，被迁农民望着鸦巢，触景生情，纷纷说：老鸦尚有个窝，咱到什么时候才有安居之日啊！由此，广济寺侧的大槐树，便成了先人忍别故里的标志。

山西沁水县的传说是：沁水县瑶沟村的人都姓王。听上辈人传说，在几百年前这个村的老百姓不姓王，而姓丁。传说大约在四五百年前，这里遭了大旱灾，不多长时间，全村尸骨蒙野，鸡犬未留。唯有一户姓丁的财主，带妻室儿女逃往外乡。几年后，家乡土地荒芜，房屋坍塌，一片荒凉。当地的官府就把这件事上奏朝廷。朝廷立即张贴告示称，凡愿到山西沁水瑶沟种田者，三年不纳皇粮，但没人愿意远离故乡。后来朝廷就到处张贴告示：在十天内，各地百姓必须全部聚集到山西洪洞大槐树下，后到者为迁往沁水瑶沟之人。老百姓都怕迁往沁水瑶沟，于是都按照指定时间，纷纷聚集到洪洞大槐树底下。这时朝廷派那个献策的大臣到洪洞大槐树下办理此事，当众宣布圣旨，结果就把那个最后到的姓王的百姓强制迁到了沁水县瑶沟村。从那以后，瑶沟村的百姓就全都姓王了。

河南林县(今林州市)的传说包含了前面两个方面的内容以及"打锅牛"分家的传说，如《胡大海血洗林县的传说》说：

　　元末有个姓胡的举子上京赶考。走到一座山下，一只母猩猩扑来，把吓昏的举子背到洞里。日子长了，猩猩生下一子，起名叫胡大海。胡大海长大了，力大非凡，举子就把自己的身世告诉了儿子。一天，趁母猩猩出洞捕食，胡大海掀开洞口巨石，父子俩跑了出来。胡大海走村串户，以乞讨为生。当时那一带叫林县，属河西北路彰德府管辖。胡大海丑得可怕，林县一带的人们见了他都躲着走，称他为"毛老虎"。后来，胡大海成了明朝的开国元勋，启奏皇上要到林县雪耻报仇。朱元璋念他开国有功，准奏他杀"一箭之地"。部将王虎一箭射在老雕身上，老雕带着箭飞遍全县，王虎带兵也杀遍全县，造成尸骨遍野、血流成河的惨景。事后，皇上下旨泽州、潞州一带居民迁往林县。山西居民不愿背井离乡向河南迁移，官府便下令："凡不愿迁移者，限三天内集合到洪洞县老槐树下。"人们齐往老槐树下跑，很快就集合了很多人。这时，官兵将他们围住，给这些人加上违背圣旨的罪名，强令其迁移。其中姓牛的一家弟兄五个，就有四个跑到了老槐树下，临别时，兄弟五个依依不舍，打破了一口铁锅，分为五块，各执一块，作为后代认亲的标志，称为"打锅牛"。林县民间有"洪洞老槐树下是咱老家"的传说，其实这与胡大海血洗林县是有直接关系的。⑦

另一个类似的故事把发生地放到了河北邯郸市的鼓山，而把胡大海的父亲编为山下胡庄的一个樵夫，叫胡樵，其他情节基本相同，只是增加了胡大海杀人一直杀到洪洞，只因地名与洪武年号相重，这才住手的内容。⑧

在各地流传最广的还有脚指甲复形、背手、解手的传说。传说官兵强迫聚集在大槐树下的人们登记，每登记一个，就让被迁的人脱掉鞋，用刀子在每只脚的小趾甲上砍一刀作为记号，以防逃跑。至今，移民后裔的脚的小趾甲分为两半，据说就是砍了一刀的缘故。官兵强迫百姓登记后，为防止逃跑，把他们反绑起来，然后用一根绳连接起来，押解着移民上路。由于移民的手臂长时间被捆着，胳膊逐渐麻木，不久，也就习惯了，以后迁民们大多喜欢背着手走路，其后裔也沿袭了这种习惯。在押解过程中，由于长途跋涉，路上就经常有人要小便，只好向官兵报告："老爷，请解手，我要小便。"次数多了，这种口头的请求也趋于简单化，只要说声"老爷，我解手"，就都明白是要小便，此后，"解手"便成了小便的代名词。⑨

在前述河南安阳市的传说中，被迁农民多把自己初生子女的双脚小趾甲咬裂，以示纪念，这是一种主动的说法。另一个《小脚趾的传说》是说洪洞大槐树的迁民中有刘姓三兄弟，为了解救三姐妹，杀了官差，只好分道逃走，临别之前为了以后辨认方便，用石头在脚趾上砸下印记，日后他们分别落户到河北的安次、通州和武清。⑩另一个故事《双趾甲》则说这是轩辕黄帝子孙的特征，而黄帝是洪洞县孙堡人。⑪

此外，关于迁民定居的传说也不少，如《"一家庄"的来历》⑫等。

以上传说，在各地流传甚广，它们与地方风物和历史相联系，数量以千百计，但版本大致相同。此外，其共同点一是粘连着许多后代文人学者的观念和意识，二是除脚指甲复形、背手、解手等传说外，与洪洞大槐树移民本身的关系非常勉强。而恰恰是这些传说，构成了"洪洞移民"后代的祖先故事。⑬

传说的世代传承的特性，决定了它的非个人性或群体性，而移民传说的内容本身亦强化了这一特点。在这里，我们当然可以发现传说通过传奇性的故事成为集体记忆的重要渠道；我们也可以发现集体的历史记忆，尽管记忆的历史并不见得一定是传说中的主要情节或母题，但我们可以看到其他重要的历史侧面，从而证明保罗·康纳顿（Paul Connerton）关于"历史重构不依赖社会记忆"论断[14]的片面；更为重要的是，我们还可以发现，正如莫里斯·哈布瓦赫（Maurice Halbwachs）所说，记忆是由社会所建构的，个体记忆依赖于集体记忆的框架[15]，同时我们也看到了集体记忆影响，甚至取代个体记忆的过程——当然，我们或许还可以看到在这个影响、取代的过程中个体记忆的残留物。

二、集体记忆之二：大槐树移民之族谱记录

在中国社会史，特别是宗族历史的研究中，族谱是一类非常重要的资料，但近年来的研究也证明，它同时也是需要慎重对待的一类资料，因为它在不断的续修、重修过程中，成为重构宗族历史或社区历史的重要工具。在关于洪洞大槐树移民的论著中，族谱成为最重要

的文字记录或史料依据，民国时便有人感叹其"但不见诸史，惟详于谱牒"⑯。相对于传说，族谱似乎是更为可信的史料，又由于许多族谱系根据家族墓地所立碑记整理而得，因此洪洞大槐树移民一事，似乎便成为一桩铁案。

在今河北、河南、山东等省存留的族谱中，记载其祖先迁自山西洪洞的的确不计其数。嘉靖七年(1528)修的河南长垣县西了墙村《王氏家谱》中说："⋯⋯讳实，晋之洪洞县大王庄人也。洪武定鼎之初迁居长垣县合阳里西了墙村。我二世伯祖讳刚，怜弟幼弱，因从迁焉。刚祖于洪武十八年投荥阳侯杨大人帐下效用，因屡战有功，封世袭德（疑缺字——引者注）将军，锦衣正千户。"⑰而在河南洛阳市棘针庄《王氏墓碑》中，有署顺治九年(1652)三月一位"明末进士"的碑文，也说"洛东西凹王氏乃三槐之裔派也，本出自山西洪洞大王庄之支。先祖讳槐阁，字多阙，行三"，都出自同一村庄。尽管我们还不能找到洪洞有"大王庄"这个地名，碑文和族谱中也还有许多疑点，但可以肯定自明代就有了洪洞移民的说法，"槐树"的痕迹也出现了。

值得注意的是，在大多数族谱和墓碑中提到其祖先来自山西洪洞的地方，后面的具体地名都被省略或者磨损了。例如，署乾隆十九年（1754）的河南内黄县马固村《明故王公神道碑》载："始迁祖山西平阳府洪洞县（后缺字——引者注）人也。"署咸丰七年（1857）的河南内黄县尼化村《王氏祠堂碑》载："始祖原籍山西平阳府洪洞县（后缺字——引者注），自明永乐二年迁住于此。"这让我们有理由怀疑他们并不知道祖先的具体家乡，说山西洪洞不过是人云亦云。

这样的怀疑也得到了部分资料的支持。在河南济源市南水屯村的张家祠堂[⑱]，祠堂正中所供香案上的牌位上写着："始祖威卿于明洪武三年由山西省洪洞县迁至济源南水屯，迄今已六百二十九年。"在西墙上悬挂的

《张家祠简介》除了讲述同样的话，接下去说："长子思义是吏员，次子思徽于洪武丙子年举茂才，任湖广荆州府通判，承直九年考满，于永乐年间升户部员外郎。洪熙元年为祭奠父母，撰文刻碑。清乾隆四十二年重刻此碑，保存至今。"我们也在祠堂院内见到了这块碑，由于刻写年代距离传说中的移民时间很近，应该比较可信。该碑碑额为"户部员外郎张秉先考处士张公墓志"。我们知道，墓志往往刻写在方型墓盖之上，但我们所见到的，却是清乾隆年间将墓志移刻而成、立在那里的一块碑石。我们先不去思考这也许反映了一个从墓祭到祠祭，以至墓志变成石碑的过程，仔细观察其中文字，曰："公讳威卿，乃济源之世家也。其所居县曰沁阳，里曰堙头，村曰南水屯，是其先祖之发庐。□厥先祖其便，□以居焉。"十分清楚的是，这块撰于洪熙元年（1425）二月、距离所述事件仅20多年的墓志，不仅没有提到这位始祖从山西洪洞移民的经历，反而写明他是这里的本土居民。⑲

到了清代中叶，传说中的那些地名也开始在族谱和墓志中出现。例如，署康熙六十年(1721)的河南内黄县邢固村《王氏祖碑》记："山西省洪洞县枣林村，乃余家祖居地也。"署乾隆五十八年(1793)的河南太康县潭岗西村《赵氏墓碑》记："始祖讳太，始居山右，原籍洪洞县老鹳巷。"署道光二十三年(1843)的河南孟州市冶墙村《孟氏墓碑》记："相传洪武二年携弟原清从山西洪洞县广济寺奉诏迁于此。"署康熙年间的河南清丰县巩营翟堤口《新建翟公墓志》中说："遐想山西洪洞县野鹊窝乃吾始祖大老故里也。其先茔故址原有存者，后被迁自洪武年间，择居于清丰之东号南山者。"而根据内容判断为康熙末年所写的河南洛阳市西山岭头《李氏家谱序》，也已有了"后人欲知木本与水源，山西平阳洪洞县。大槐树镇户千家，洪武诏下迁。山西洪洞县内迁万户，李氏族中八百三"这样的说法。无论其说法是否属实，前述传说的流传也已有了大约 300 年的历史。

但是，族谱在不断的重修中逐渐变化或丰富，其中的原因可能是非常复杂的。例如，河南濮阳市胡村有一明弘治十五年（1502）三月的《细城岗任氏先陇记》，其中说"仆家世大同，因兵燹后徙居今郡治之东南细城村"，濮阳县习城乡也有同样的碑记。但到后世所修的濮阳市西郭寨《任氏族谱序》中，内容就变成："明洪武年间，因兵乱，吾先祖仲康、仲熙、仲和三兄弟自山西大同、平阳，经洪洞（后缺字——引者注）东迁……至今六百余年，现有五世祖孟旸于弘治十五年给始祖立石为证。"弘治十五年（1502）的碑文中既无时间，又未提到洪洞，怎么能为这些新增的内容作证呢？

族谱编修因为各种原因中断，导致早期的族谱丢失，后人无法忠实于最初的记载，应该是其中的重要原因之一。前举河南洛阳市西山岭头康熙年间所修《李氏家谱序》中，虽明确指出其先祖于洪武二年（1369）来自洪洞，但也提到这中间已间隔了 14 世，"至明末年闯贼寇境，玉石俱焚，家谱遂不复为所有"。同样，河南濮阳县谢家店康熙三十七年（1698）所修《谢氏创修家谱序》中也明确记载其祖先原籍洪洞，在明初奉旨带着家谱迁徙到这里，但"洪洞载来之谱已于明季乱离之际，遭兵火为灰烬矣"。这样的说法在族谱中非常常见，使我们有理由质疑清朝人重修族谱时关于祖先来历的说法是否失实。

有一些族谱的内容似乎告诉我们一些关于后人如何撰写家族历史的信息。河南新郑市大司村清嘉庆年间的《司氏墓碑》开始即宣告："我司氏自山右迁豫也，数百年于兹矣！"然后碑文叙述说，其始祖在明朝永乐年间以廪贡担任直隶沙河知县，致仕后"永籍郑州"，并未提到有山西之事。在明末动乱时，其家族的墓碑全部被损毁。后来听到"巩邑王氏话及洪武七年秋，自洪洞断桥河迁民。全册其家世世藏之，即令余族侄名权及乔年者，遂往抄册。云钦命侯监理都察院大学士率迁民三千七百四十丁，牌二十有四，至巩之背阴，分业务农。吾祖季昆三人，牌分第十七，迁郑遂定焉"。也就是说司氏在一个姓王的人的家里看到当年洪洞迁民的花名册，而他祖先的姓名就在上面，才知道自己是从洪洞迁来。我们不敢确定当年是否存在这样一份花名册，因为其中的说法过于离奇，但至少可以知道司氏祖先来历的确定，是从不相干的王氏那里得来的，而且由此便与王氏产生了祖先来历的认同。

河南偃师市游店村清道光年间《滑氏族谱》的写序者对这样的祖先溯源持谨慎的态度，但又不愿意对这样众口一词的说法予以否定。他用"相传"这样的词，记载他的始祖母于明洪武年间率三子从洪洞迁到此地，然后自问道："或问迁民之说端何时？"他用《明史》上关于迁山西泽、潞民于河北的说法为自己的问题找到了答案："其在明初无疑也。"接下来他又自问，"未迁之先，祖居山西何地，故乡尚有何人？熙曰无据。老人相传，自洪洞大槐树下迁来。一说山西迁民不迁洪洞，故人多逃聚此邑，骤然行文，独迁洪洞，所以传至今日，凡属迁徙者各族，皆有此说"，基本上采取从众的态度。类似的还有山东蒙阴县北楼村于民国三年(1914)续修的《赵氏家谱》，其上说明初的确曾迁山西民到山东，"吾赵氏祖创居蒙之北楼村，适于其时。意者来之洪洞之说，理或然欤"。因为祖先始迁的时间与这一事件相合，便说其祖先来自洪洞似乎应该符合逻辑。

又民国时有河南扶沟县李氏一族为修族谱，专门就自己祖先来历向洪洞写信询问："如我李氏鼻祖，传闻自山西洪洞迁豫，即故诸旧家谱，亦多云然。虽然独有说焉，有云迁自洪洞大槐树下者，有云迁自洪洞李太村者。解者谓元季有李太，官至吏部尚书，村以人重，故相传称其村曰李太村，纷纶不一。……伏望阁下费神掌故，格外垂青，请将李太村在城某方，相距若干里，古槐尚存与否……愿乞勿惜金玉，复示颠末。"结果他们获得了肯定的答复，说"古槐在城北五里之遥，原属大槐树保，名(?)管辖村庄很多，而李太村与焉"。可见时人并不相信大槐树是祖先生活的地方，希望找到具体地点，实际上这个李太村也并不见于地方文献，被载录在《李氏探源书》中的这次书信往来还是有颇多疑点。

由此我感到，族谱中虽大量提及洪洞迁民之事，而且言之凿凿，但其中疑点很多，还很难被视为有力的证据。特别是在这些族谱中，还将我们前面曾举到的某些传说故事写入，作为家族历史留传，族谱这样的书面文本又成为口述传说的载体，共同夯实和传递关于祖先的历史记忆。

例如，河南偃师市缑氏镇崔河的《崔氏家谱》中提到洪武年间，河南"遭受红雨，人畜伤亡，人烟稀少"，于是其祖先从山西长子县迁来。这实际上是与关于"红虫"的传说相同的隐喻。关于官府把百姓骗到洪洞集合，然后强迫其迁移的说法在族谱里也很常见。

有相当多的族谱记录了与"打锅牛"传说类似的故事。例如，河南新密市平陌乡牛岭村的《李氏家谱》说，其始祖兄弟三人定居后"依菜园、花牛、大锅三物分为三家"，他们的始祖分得大锅，被称为"大锅李"。濮阳县郎中乡梁大郭村的钱氏、李氏、祝氏等家谱中，说他们定居后"大锅同餐，垦荒造田"，所以称为"大锅村"，后来再改为大郭村。河南温县招贤村的《牛氏家谱》只是说祖先以"打锅为计"，自洪洞迁至河南怀庆，而到山东无棣县永湾乡的《牛氏家谱》中，就记载其祖先是在洪洞大槐树下分路而迁时砸破大锅，每人拿一块碎铁作为纪念，"人称打锅牛"。这样的说法还在其他姓氏的家谱中出现，如山东郓城县杨河口村的《杨氏家谱》说，"来时始祖兄弟二人，后以对认锅铁为记"，河北涉县段曲村的民国时期的《申氏墓碑》记载，"当分离之时，以铁锅粉碎为标记"。

其实越是晚近修的族谱，吸收传说的内容越多，而且明确写祖先来自洪洞大槐树、老鹳窝的也越多。最早有这类记载的家谱是署万历十四年（1586）的江苏丰县刘家营村的《刘氏族谱》，说"吾家世居山西洪洞县野鹊窝，世远代更，未易追数"。但此谱并非明代原本，传抄过程中增改的痕迹很多，此句也有后世增添的可能。⑳传说进入族谱，便成为可信的史料，族谱所说再被采择进入正史或者学术性著作，历史就这样被亦真亦幻地建构起来了。

但是，这并不等于说所有记载其祖先来自山西洪洞的族谱在这一点上都是虚构的，也还有很多族谱记载其祖先来自山西其他地方或者其他省份。在历史上的许多时期，人口迁移是很频繁的，山西也是如此，甚至政府有组织的移民行为也是确定的事实，为什么就不能有洪洞来的移民呢？署乾隆五十年（1785）的山东郓城县黄安乡冯屯《冯氏族谱》虽然也在开始说"予家系出晋洪洞县老鹳窝民籍"，但后面又谈到"吾族自前明洪武九年，以山西洪洞县城南羊獬，迁濮州城东金堤居焉"，羊獬村确在洪洞县南，可见他们确实知道祖先来自何处，只是为了从众而提到并不存在的"老鹳窝"。署乾隆三十六年(1771)的河北赞皇县寺峪村《王氏功德碑》谨慎地说，"闻故老传言，系山西洪洞县柳子沟民籍"，而洪洞也确有柳沟和柳沟里的村落。问题在于这些在族谱中自称是洪洞移民的人的数量太多了，对此，已有学者表示怀疑，并认可洪洞作为移民中转站的说法，但这并无可信的史料依据。[21]大槐树、老鹳窝这些虚构的象征性地名又至迟在清代前期已经出现，流传极广。究竟是什么原因让社会这样记忆他们的历史，并导致历史的重构呢？

三、记忆的缺失：对地方史乘的考察

让我们暂时脱离传说与族谱，对时间定位比较明确的地方文献做一点考察。

目前国内现存最早的《洪洞县志》是明朝万历年间修的，由于大部分传说和族谱都把洪洞移民之事定时在明洪武或永乐时期（也有少部分定时在明中叶和清初），应该说这个版本距离这个时段还不太久远，但全书竟没有任何地方提到移民的事情，更没有提到过大槐树和老鸹(鹳)窝。

有几个相关的问题可以一提。

第一，据该书记载，洪洞"相传旧无城，至明正统十有四年，始奉文创筑土城"。据说新修的这座城还非常简陋。如果是这样的话，在传说发生迁民的明初，这里还是个四周没有城墙的地方，只是到了发生"土木之变"那一年，才开始修筑简易的城墙。我们很难想象明政府如何在这里设立什么机构，或者派驻军队来实施有组织的移民活动。[22]

第二，该书说，"宋元以来，都图因时更易，国初洪洞都里旧四坊，统八图（在城内），遵教厢（在城外北关），四乡统十都，十都统九十八图"，然后具体记载了各都所统各图的名称。[23]在所发现的墓志、碑刻、家谱中，自称祖先来自洪洞某某具体地方的，都很难与这些记载的地名对上号。

第三，按该书的统计，洪武二十四年（1391），洪洞有 11900 户，92872 口；永乐十年（1412），有 11592 户，87775 口；成化八年（1472），有 11448 户，98240 口。[24]如果这些数字是可以信赖的话，那么永乐年间比洪武年间少了 300 多户、近 5000 口；成化年间也是许多地方记载从洪洞向外移民的一个时期，这时户数比永乐时少了 140 多户，但人口增加了 1 万多。我们不能断定少的这些人户就是移民走了，就算是的话，这样的规模究竟能否造成那么大的影响，也还是个问题。

但上面都还说的是关于洪洞移民的问题，而与我们的主题直接相关的是该书关于广济寺的记载。在较晚近的记载和传说中，广济寺就是大槐树的所在地。万历《洪洞县志》记载，"广济寺，在城北永安里，唐贞观二年建，节年被汾水侵塌，今改徙贾村北，官路西，寺名仍旧"，只字未提大槐树事。㉕顺治《洪洞县续志》(赵三长修，晋承柱纂，1656 年)与康熙《洪洞县续志》(邵琳修，王泽溥纂，1673 年)也没有任何记载大槐树、老鸹窝以及洪洞移民的资料。而雍正《洪洞县志》记载"广济寺"条与万历年间的县志基本相同，唯后加了一句小字——"即今北桥寺旧址"㉖，说明广济寺至迟已在晚明以前迁到了另外一个地方。如果以前(明初)在广济寺曾有过大槐树的话，这棵树一般是不会与寺一起迁到后来的这个地方的；如果大槐树是在后来的这个地方的话，那么它必不会与明初的广济寺有什么关系。唯一的可能，是以前的广济寺那里有棵大槐树，曾与移民史事有关；至迁寺之后，则在某个时期根据以前的说法在这里再造了一棵大槐树。

直到民国六年(1917)的《洪洞县志》中，大槐树移民才有了痕迹。在其卷七《舆地志·古迹》中，"大槐树"等条记为"新增"，即"大槐树在城北广济寺左。按《文献通考》，明洪武、永乐间屡移山西民于北平、山东、河南等处。树下为集会之所。传闻广济寺设局驻员，发给凭照川资，因历年久远，槐树无存，寺亦毁于兵燹。民国二年邑人景大启等募赀竖碑，以志遗迹"㉗。同时，该书卷十七《艺文志下》还记载了清朝人祁宿藻的《洪洞感旧》等诗："予家老籍洪洞，以数百年于此矣，今日重至故里，殆天缘也，感而赋诗，时主玉峰书院讲席。"诗云：

吾家迁居旧槐里，五百年来还过此。男儿有志在四方，况此他乡是故乡。入乡不识乡间路，父老当年钓游处。一经莲桥花满城，问津疑是桃源渡。

（第43页上）

书中又有其《玉峰书院杂咏四律》，其中一首为：

相逢父老话因缘，故里重寻竟失传。世代难稽新谱系，钓游仍是旧山川。更无乔木办榆社，剩有唐风蟋蟀篇。城郭依然人事异，那堪丁鹤去家年。

（第43页下）

这里已经提到"旧槐里"一词，大槐树在此时已为迁民故里的象征无疑。据同书卷十八《杂记志》记载："邑山长祁宿藻，字幼章，寿阳人，由翰林检讨官至江宁布政，相国文端公[28]同母弟也。道光年尝主玉峰书院讲席。文端曾寄以诗云：莲花好城郭，槐树旧村墟。至今人犹传诵之，盖以邑为莲花城，并大槐树古迹而言也。山长自署老籍亦洪洞。"（第16页上）这与目前所见较早明确提到大槐树的族谱或碑文年代左近。其实清朝乾嘉时期著名的史地专家、祁宿藻之父、山西寿阳人祁韵士的《万里行程记》记载："余始祖河东公，本此邑大槐里人，明初迁居寿阳。"[29]实际上，在乾隆时重修的《祁氏宗谱》中，还记载"始祖祁旺，元末由洪洞县（后缺字——引者注）迁来寿阳平舒村"，我们在实地考察时所见的碑文也大体如此，但到祁韵士那里，就变成了明初，又出现了大槐树。这些内容直到民国初年才见诸地方史乘，而在移民活动大规模频繁发生的时候却丝毫不见踪影，是史乘的作者觉得这些事并不重要，不值得记载，还是他们觉得这里有什么蹊跷，因而有意回避，或是此事的确不过是耳食之论，不能作为信史记载下来？

到目前为止，我们还不能明确判断这些象征出现的具体时段，更无法解释为什么它们在这样一个时段出现。更重要的问题是，大槐树甚至老鸹窝究竟是在什么时间、为什么开始被知识精英所重视，这些可能以前被视为鄙俚不经的说法在什么时候、为什么被堂而皇之地刊布在地方史乘之中？

当我们把口述文本与地方史乘对照起来时，总体印象有以下两点。首先，关于大槐树移民之事大量存在于民间传说与族谱之中，而在民国或晚清以前的地方史乘中比较少见。那么，究竟是因为那以前的文献记录者认为这些传说荒诞不经而不加采录呢，还是由于那以后的知识精英因某种原因刻意弘扬这些象征（包括在文献中对其加以记录），而造就了这些传说呢？其次，无论是地方志、碑刻还是谱牒，文献中对洪洞移民、大槐树等象征的记载是比较简单的，而民间传说中的内容总是比较丰富的。从我们对这些传说即将做出的分析来看，它的情节是随着时间的流逝不断丰富添加起来的，许多内容是不断黏附上去的，那么，这个丰富、添加、黏附的过程究竟是在知识精英的弘扬之前发生的，还是在其后？

总之，在民国之前，对于洪洞移民和大槐树，地方志的编者是不会不知道的，却似乎是有意把它们忘却了。关于它们的记忆似乎只在洪洞以外的地区通过传说、族谱留存着，直到民国六年(1917)为止。难道本地人对此事全不介意，或者竟有什么难言之隐？

四、人们如何记忆历史？

传说显然是民众记忆历史的工具之一，对于那些没有通过文字记忆历史的能力和权力的人来说，就更是如此。但由于传说往往经历了许多世代，因此不断叠加了不同时代的讲述者记忆的历史，它也就成为一种"长时段"的历史文本。

前文所举的大槐树迁民起源的传说，其主要内容是讲胡大海复仇的故事。胡大海、常遇春，甚至明成祖朱棣，都是历史上的真实人物，他们的生平事迹也都与华北有直接的联系，但传说所借用的历史也就到此为止了，剩下的情节虽然主要围绕他们展开，但都不是为了讲山西移民的问题。故事大都以"复仇"为母题，有的故事带上一个大雁带箭远飞，使朱元璋的报复限制破产的情节，有的故事带上"聪明反被聪明误"的教训性情节，有的故事带上人兽婚的情节，由此出发，自然引出复仇的主要情节。这些成分都带有鲜明的民间性和虚构性，就一般情况来说，传说到此已经具备了相当的完整性，没有必要与大槐树移民产生直接联系。

在以明初为背景的传说中，《刘伯温建北京城》的故事里有这样的情节：为了选择北京城址，刘伯温请徐达向北射上一箭，箭落在哪儿，就在哪儿修建京城。徐达在南京的大殿外向北方射了一箭，一直射到北京的南苑，这里的八家财主害怕自己的土地、房产被占，又转手向北射去，射到后来的后门桥，于是便以此为中心建造北京城。㉚另一个故事叫《长陵一花枪》，说朱棣奉命北征，当时的幽燕之地为北方民族所占据，朱棣便向对手要"一箭之地"，作为交战的地盘，对方首领以为"一箭之地"不会有多远，便点头答应。不料朱棣拿出刘伯温送他的一支箭,射出去后连影儿都看不见了,吓得对方连忙退兵。[31]这些以射箭为巧诈,扩大自己的目的范围的情节,与前者是基本一致的。[32]

《燕王扫碑》的传说则是以"靖难之役"为背景的,故事中把"碑"解释为明朝在南京的祖宗碑,但何为"扫碑"却语焉不详,只能解释为朱棣取得了明朝的继承权。在许多传说中,故事又常写作"扫北",这当然是有朱棣镇守北平期间北征蒙古残元势力的历史基础的,但这些军事行动又不可能发生在河北、河南、山东境内。有人在河北部分地区搜集整理了与"燕王扫北"有关的传说故事103则,编成《燕王扫北》一书,其中绝大多数都是讲与元兵作战,只有少数与大槐树移民有关的故事是以靖难之役为背景的。在这些故事中,刘伯温、胡大海、常遇春、徐达等都是协助朱棣"扫北"的主要人物,这或许反映了他们在北方民众历史记忆中的重要位置,或许反映了《大明英烈传》在民间的流传及对民间传说故事的渗透。在山西、河北一带流传甚广的另一类历史故事即杨家将故事，与此颇为类似，因为这些地方是有关史事的发生地，同时这些故事也是小说、戏曲和曲艺表演中的杨家将故事传播的结果。[33]

有意思的是这里面的"红虫吃人"的情节，被解释为朱棣的靖难军头裹红巾，这显然是与元末史事相混淆。其实早在明朝时就有这样的传说："世祖问刘秉忠：'自古无不败之家，不亡之国，朕之天下当谁得之？'秉忠对曰：'西方之人得之。'后命刘筑京城，掘基得一巨穴，有红头虫数万。世祖问此何祥，秉忠曰：'异日亡天下者乃此物也。'及元为我明所灭，刘言悉验。"[34]因此，这个传说可能是篡改了"徐达扫北"的故事原型。此外，它应与山东等地移民中流传的"红蝇赶散"传说有直接的关系。

关于胡大海与人兽成婚的故事，在山西许多地方还有同一母题的、附会在常遇春身上的版本，只不过后者是为了说明端午节的起源，即说常遇春父子逃过大河之后，其人熊母亲见无法追及，跳河自尽，后来常遇春为了纪念母亲，便在每年这个日子，将母亲最爱吃的黄黏米投进河中，为了不被河水冲散，便用叶子包好，这就是粽子的来历。[35]类似的故事如《常遇春三摊娄烦县》，说常遇春的故乡在娄烦的常家坡村，其父在长白山采人参时被人熊抓去，逃回后在娄烦乞讨时被人欺负，常遇春得势后三次下令惩罚娄烦[36]；再如，《五月端午祭江的又一说法》也是说在无名山有个常猎户云云[37]。两个故事的相同之处在于，故事的主角都是明初的大将，暗指他们的勇猛（甚至嗜杀）与他们不同寻常的出身有关，反映了河北、山西民众对他们的特殊看法，但是这些故事都没有与洪洞移民联系起来。几乎可以肯定的是，明初战事对北方的破坏巨大，影响极深，"燕王扫北"传说背后的历史真实仅此而已，山西移民是否真与此有关，与"燕王扫北"有关还是与"靖难之役"有关，其实都是次要的。

不过，以上传说还是向我们透露出某些有价值的信息，那就是这里面都隐含着关于北方少数民族的看法。对此我们会在之后进行分析。

也有一些传说并不把陕西大槐树移民与明初史事联系起来。有一则《南召人老家在大槐树下》的故事说："据老年人说，李闯王造反时大本营就驻扎在洛南山区。经过连年战乱，八百里伏牛山被糟蹋得路断人稀，路上扔钱也没人拾。到了清朝初期，官府就决定从山西洪洞县一带往伏牛山区移民，均一均人口。"⊗另一则《大槐树底下的人》也说："……闯王打不胜，又走了。满清兵在这一带见人就杀，弄得路断人稀。后来满清人坐了朝，天下太平了。听说南阳的地恁好没人种，怪可惜，朝廷就下了道圣旨，叫山西洪洞县的人往河南迁，推的推，躲的躲，官家干气没有门儿。"㊵这表明不同地区的人民结合本地印象最为深刻的历史记忆，为同一传说创造历史背景。河北、晋北、豫北受明初战乱影响大，就把这个背景落在"燕王扫北"上，豫南受明末清初战乱影响大，就把背景放在这个时期。同时，这也与历史上并非一次从山西移民有关。

族谱是另一种历史记忆的工具，它本身就是一部家族史。我们注意到，在许多族谱之类的记载中，其祖先往往有明代卫所的背景。

1994年河南濮阳市西李庄《王氏祖碑序》记："始祖讳义，王氏本籍系江南凤阳府，鼻祖从明太祖北定中原时，以功封山东兖州府东平州，世袭锦衣千户，指挥使，家住岔道口。永乐初，苦军徭大马之役，始祖遂迁于开州。"

河南浚县善堂乡徐家村《徐氏墓碑》记："余家始祖原居上海县，明朝洪武时北定中原时随军人在此落户，繁衍后代。"

署康熙年间的河南洛阳市西山岭头《李氏家谱》记："我始祖出于山西平阳府洪洞县，世以武功显。自明初洪武二载始迁洛阳，迄今十有四世，已几百余年。"

2000年河南濮阳县城御井街《平氏创修家谱序》记："考我平氏之本原，始祖平安公系大明天启年间北平都指挥使。因明末战乱频频，灾疫连绵，始祖弃官归田，迁居开州井店镇。"

署康熙三十年(1691)的河南巩义市芝田镇益家窝村《赵氏家谱》记："惟吾始祖讳信忠，卜居巩县，从征有功，授总旗职，诰封指挥锦衣指挥将军。二世仁祖，指挥将军；义祖袭总旗职，屡有奇功。明末子孙在京，尚有千户，赵永康也，今不可考矣。"

署乾隆三十一年(1766)的河南巩义市回郭镇《赵氏家谱》记："始祖赵成，授阶明威将军，于洪武初年自山西洪洞县(下缺字——引者注)迁巩县，二世祖福、真、英、忠，福任南京孝陵卫千户，已传二十三世。"

署乾隆元年(1736)的山西平定县上庄《陆氏家谱》记："吾陆氏，原系浙江嘉兴府平湖县人……明代时陆荀随父陆震赴四川泸州牧。……荀立有军功，授为千户所总旗，又赠修职郎，由蜀至蒲，由蒲至洪洞，由洪洞（下缺字——引者注）又迁居平定。"

内蒙古兴和县高庙《高氏口碑》记："始祖原籍山西洪洞县（下缺字——引者注），于洪武年间迁山东，后又由山东随官兵来此屯居。"

湖北随州市汪店村《汪氏族谱》记："吾祖汪世华，字霖雨，明朝洪武二年，军职到汪店后死去，子女在此落户。"

在明初移民的浪潮中，军户的迁移占有相当大的比重，这在安介生的《山西移民史》中已得到注意。但是，如果自称来自洪洞的移民并不可能全部是那里的本土居民，如果我们也没有可靠的证据证明朝廷在洪洞设立了各地移民的中转站，但又必须对这种说法给出解释的话，我认为这可能与明初对军户的安置有关系，而洪洞则在卫所军户分遣四方，特别是在北部边防地区实行屯垦的过程中扮演过重要角色。

对此，厦门大学张侃教授最近的一项研究又给我增加了新的证据。他在一次学术会议上提交的一篇文章提及永乐二年(1404)的所谓"红牌事例"。据该文所引《闽书》的记载，"永乐二年，令造红牌一面，椿之阡陌之间，其牌漆红金字，镌文曰：'屯田'，拨军屯种。官不得取，民不得夺，势豪占据者罪至死"[40]。该文又引用广东方志中保存的全文：

　　常想着太祖皇帝时，军士都为着他耕种自食，又积攒起余粮，防备水旱，百姓免得转输，军士并无饥穷。这个法甚是两便。后来被建文废弛了。如今天下平定，军士不受眠霜卧雪的劳苦，都安然无事。百姓每那几年遭建文苦害的好生穷乏。若只教那穷乏的百姓，供给安坐的军士，百姓转见艰难，军士转见骄惰了。倘若百姓供给不前，军士他只得生受饥饿，两下俱不便当。因此上，着你每官军，依着定的分数下屯，专委官管领，定立赏罚则例，年终赴京比较。每一都司，另拨旗军十一名种样田。只是要你众人勤耕力种，攒下粮食，官府起盖仓廪，替你每收藏起来。号令出去，已及二年。近来宁夏种样田军士素或等，遵守朝廷法度，好生勤谨，每名收得子粒折算细粮五十石有零。管屯的官与种田的军，都重重赏赐，余剩的四十三石，赏与他了。山西种样田的也收得子粒好生多，也都与了赏赐。其各处多有等管屯大小头目，不体朕心，因循度日，不肯提督。甚至恣肆奸贪，多方害军，或正当农作时月，私自差占。或巧立名色，科敛谷米财物。或指以点屯为田，勒令远接，及需索酒食，稍有不从，便加鞭挞。或自己不肯亲自到屯，远在一二百里稳便处宿歇，都拘集屯军齐带盘缠，前来听他发放，往回便是十朝半月，及至将农务耽误了，却又向军家要罪过，使军士手足无措，如何能够安心耕种？又要等本为占屯，但遇经过去处，有司都要他供给，又要人夫挑担行李，又抬轿等项，使百姓也不得安。如此百般无状。也有等屯军，不遵号令，懒惰撒泼，不肯尽力。或假以告讦为由，听候处理，虚度日月，投托官吏，假名隐占，全不干屯。或推称软弱，日睡一日，略不畏惧。或擅离田所，私出四散游荡，因而掠取民家资畜。都因是这等上头，致令田土荒芜，子粒无收。及至比较，或捏作灾伤欺用，或虚报数目影射一时，纵然瞒过，日后军士大男小女，将甚么来养活，甘自饿死？若朝廷差人盘粮，却又再下苦害军士，科敛赔纳。又如莒州千户所，先编奏说本处荒闲地少，都要守城关粮，不肯屯种。及至差人踏勘，尽有荒闲田地，每军拨与五十亩，着他尽力开垦。那管屯官员，又行过违号令，不肯督军下屯，纵容懒惰军士，还在原营居住。中间只有开得地四五亩者，其余田地，俱各荒芜。又有等管屯官员，不肯用心提督屯种，将及年终比较，恐怕惧责，却纵容奸顽屯种，假以原拨田亩，冶海土碱，沙瘦水深，低洼四散，不成片段，所收子粒不及，捏词来告。他都不思量民人也有此等田土，递年纳办税粮不缺，况又承当一应水马驿站等项差役，又要养活家下人口。其军人所种田地，种收子粒，不过只是存与食用。又有等因见屯军所收子粒数多，除正粮外，本有余粮十二石，他不照原报见有之数，从实收取上仓，却将原定比较例见有余粮一斗至九斗无罪为由，收与旗军，传说互相推故，不肯从实上仓。事发到官，都依着法度废了。今虑恐你每众人递相仿效，陷入刑罚，逐一说将远，并将重别更改则例条列于后，各都要置立红牌一面，刊得明白，传递着看，以为警戒。管屯的官，务要不离屯所，谨慎提督，不许循情纵放军人懒惰，又要公平抚恤，一毫不许擅科，一刻不许擅差，亦不许无故凌虐。屯种的屯军，务要趁时耕种，朝作暮息，不许推奸躲懒，不许听纵大小官旗私下役使，亦不许倚势习顽，不服本管官旗比较约束。若是遵着号令，自然田禾茂盛，子粒多收，各家常得饱暖，又得重赏。如或仍前坏法，定将犯人处以极刑，家小迁于化外，故谕。[41]

这样一种立法完备的屯田制度给了我很大启发，令我想到许多关于大槐树移民的传说，都把年代系于永乐二年(1404)或三年(1405)；同时，我们前面提到的"红虫吃人"或"红蝇赶散"的故事，是否根本不是学者们怀疑的那样，是把元末红巾军起事误植于朱棣的靖难军，而是指的这一次的"红牌事例"？如果这个猜测成立，那么我把洪洞大槐树移民传说如此分散和广泛与卫所屯田制度的推广相联系的说法，就有了更大的说服力。[42]

不过我们还是不能理解人们为什么对大槐树或者老鹳窝这些虚构的地名情有独钟。按照历史人类学家的看法，历史人类学中有两大类别：一是历史民族志，即利用档案资料和当地的口述史资料，研究过去如何导致现在，或进行对过去的历时性和共时性研究；二是所谓对历史的人类学研究（anthropology of history），即集中注意特定族群"借以拟想、创造和再造他们的过去，以至把过去和他们身处的现在联接在一起的各种方法和文化理路"，其中既研究过去的建构如何用来解释现在，也研究过去是如何在现在被创造出来的。"这样的人类学几乎没有制造'客观'历史的企图。相反的，它感兴趣的是人们对过去知道和记得些什么，如何记得，又为什么要记得，以及人们如何解释过去并和现在联接在一起。"[43]

就本文而言，基本上是沿着后者的路向，因为本文并不试图再进一步证明许多自称来自洪洞的移民，其实是本地的原有居民或来自其他地方，也不试图纠缠于考证在历史上的某个时期，是否有大批移民从洪洞或经由洪洞去到各地[44]，而是试图通过分析大槐树、老鸹（鹳）窝之类象征的创造过程，去理解这些北方移民是如何建构自己的历史的。它的指向的确不在于移民史的真相，而在于移民心态史的真相。在这个意义上说，本文是历史学研究；而心态的建构本身又是文化的建构，文化把一个族群的历史与现实勾连起来，同时也把族群建构起来，因此本文又有人类学的意义。说得通俗一点，"人类学者一向比社会学者和历史学者对于历史意义的重要性更为敏感。和'什么事实际上发生过'同样重要的，是'人们以为发生过什么样的事'，以及他们视它有多么重要的"[45]。

让我们回到对大槐树的讨论上来。

民国之初，曾在清末任山东观城、茌平等县典史的洪洞贾村人景大启卸任回乡做幕僚，向一些商人、士绅募得390多两白银，在所谓古大槐树处树碑建坊。据他自己说是由于树和寺均已不存，"第恐年代愈远，稽考无从，丞思所以表彰之"[46]。但据同时人的记载，似乎直接的原因是辛亥革命时"卢协统督师南下"，军队到洪洞时，因为相传这里是自己的祖籍，因此"城郭安堵"，"于是洪人感大槐荫庇无穷，仍醵资建设牌坊、亭榭于其侧"。[47]这种做法本来极类似于对地方神灵庇佑百姓的一种报答，或者就是塑造神灵权威的一种做法，但是当时人却把它与民族-国家（nation-state）的现代构建联系起来。民国六年（1917）的《洪洞县志》中有一篇贺柏寿撰写的《重修古大槐树处记》，其中说道：

　　　自来名胜古迹，率以帝王将相所发祥，高人逸士所隐迹，遗后人勒石记载……然此为续文献之征，而非民族之系也。方今民国肇造，社会主义播腾寰区，凡有关民族发达之原者，允宜及时表章，借识人群进化之由，俾免数典忘祖之诮。然则吾邑古大槐树处之待于揭橥者，故不重哉！……盖尔时，洪地殷繁，每有迁移，其民必与，而实以大槐树处为会萃之所，宜乎生齿蕃盛，流泽孔长，后世子孙，闻其地而眷怀乡井者，种族之念为之也。……⑱

类似的表述如贺椿寿的《古碑保障说》曰："余窃叹槐树之古迹，其关乎民族纪念，以保障我邑人者，甚重且钜。"柳蓉的《增广山西洪洞古大槐树志序》感叹："于戏！现值大同世界，一本散为万殊，四海皆是同胞。民族合群，共同奋斗，异族罔敢侵略，同种日跻富强。遐迩交称曰：古大槐树关系种族，杨国争光，晋乘生色。"大槐树已经不再只是山西移民的家园象征，而成为在现代化进程中凝聚整个中华民族的象征，它的意义被提升到团结民族、抵御外侮的高度，成为现代民族主义话语（nationalist discourse）中的一个组成部分。

对此，当时已有人指出：

　　何今之族姓，其上世可考者，尚有千百户之裔；其不可考者，每曰迁自洪洞，绝少称旧日土著及明初军士。盖自魏晋以来，取士竞尚门户，谱牒繁兴，不惜互相攀附，故虽徙居南方，其风未泯。而中原大地，则以异类逼处，华族衰微，中更元明末世，播窜流离，族谱俱附兵燹。直至清代中叶，户口渐繁，人始讲敬宗收族之谊，而传世已远，祖宗渊源名字多已湮没，独有洪洞迁民之说，尚熟于人口，遂致上世莫考者，无论为土著，为军籍，概曰迁自洪洞焉。[49]

尽管曹树基已对这种比附是否可以存在于本土居民多或

土客参半的地方提出有力的质疑，但是这里还是可能有比较复杂的因素。比如，"上世莫考"是一个动态的过程，即使在本土居民或从他地来的移民之中，经历时间等变化，本来可考的家世也可能变得不可考了，这就有了一个选择祖先故乡的问题，所以我们见到说自己祖先来自洪洞的家谱、碑记等并不是同一个时期的。再如，即使以县为单位，本土居民或从他地来的移民通常占到一半或以上，但如果来自洪洞或自认为来自洪洞的移民在一个村、社、屯、里之中占了绝大多数，其影响将是很大的，是会超过他们所居住的那个空间范围的。还有的假设就是我们所论及的洪洞大槐树等传说的力量，这个家园象征可以使人数不占优势的族群具有极大的精神优势。

另外有个说法也引起我的极大兴趣。在今天东北的许多地方，凡晚清、民国时自山东迁来的移民，即"闯关东"的山东人，都自称祖籍"小云南"或"山东小云南"，甚至在某些族谱中将祖籍记为"山东小云南大榆树",而他们小脚趾的趾甲也是复形。据学者考证,明初傅友德、沐英率军征云南,后其中本来来自全国各地的许多军户转驻山东各卫所,主要是驻云南乌撒卫屯田的军户,随徐辉祖迁至山东鳌山卫,一次即达7万人。这些人往往在云南娶妻生子,故以云南为祖籍。在今山东青岛市即墨区的多数家谱中,多提祖籍为"云南乌沙卫大槐树"或"槐树沟""大槐树里头"等。[50] 显然,山东、小云南、大槐树等地名是在移民的不同时期叠加进来的,是民众历史记忆的典型表现。因此,大槐树已经成为许多祖籍不同的移民的共同象征,而不为山西洪洞移民所特有;同时,这个象征可能的确与前面所说的卫所军户移民有很大关系。对于闯关东的山东人来说,不存在特别严重的移民与本土居民的紧张关系,因此并不需要强调来自山西洪洞,只用大槐树作为祖籍象征就够了。

另外使我感兴趣的是这段话里提到中原大地"异类

逼处，华族衰微"，这使我想到女真人和蒙古人在淮河以北的生活，这对于北方人来说，又是像魏晋南北朝那样的一个族群混杂的时代。我们在金、元时期北方的文集、墓志等资料中，看到大量女真人、色目人、蒙古人与汉人通婚的记载；我们也知道明朝在重新确立汉人正统的过程中，对蒙古人等北方少数民族采取了鄙夷甚至压制的态度，特别是在有明一代，国家一直对蒙古人十分警惕和防范，这就更加剧了族群之间的紧张关系。因此，这里的所谓"本土居民"中，不清楚自己有没有一个真正的汉人祖先的族系恐怕不在少数。我们很少在族谱中见到说自己有女真人或者蒙古人祖先的记录。[51]因此对于那些无根的族群来说，就必然产生一种寻根的需求。在我看来，"背手"和脚指甲等体质特征传说，与其说是一个"有根"族群自我认同的限制，不如说是其他"无根"族群试图扩大认同的一种创造，因为有些中国北方少数民族，甚至韩国人都有这样的体质特征，背手就更不必说了。寻找这样普遍的体质特征以作为认同标志，目的显然是扩大认同的范围。他们首先需要忘却历史，然后再重构历史，来弥补记忆的空白。㊿

于是我们在有关洪洞大槐树迁民的传说故事中发现了两条族群认同的轨迹。一条轨迹是以上面所说的宋代以后北方族群混居的历史为背景的，这种情况又因元代汉人族群的受压抑而得到强化。看看前面举出的那些传说——箭程划地界、燕王扫北，都与对蒙古人的历史记忆有关；特别是关于常遇春、胡大海的传说，把这两位色目人的后裔说成了人兽婚的产物。如果我们去追寻大槐树传说的人口迁移背景的话，我们是去探索移民史意义上的真实；如果我们去追寻该传说的产生和流传背景的话，我们就是去探索心态史意义上的真实。很显然，族谱和地方文献中记述洪洞移民之事，可以早至宋元时期㊼，但强调大槐树的记载则多在明清，特别是清代中晚期之后，几乎所有的传说故事都把其历史背景设定在明清两朝，尤其是明初和清初。除了此时期确有规模较大的移民活动，我们无法不考虑这两个时期也都确实存在着族群间的高度紧张关系，存在着加强族群认同的较大需求。其实移民史与心态史本身是有其内在的联系的，因为明初或清初的人口迁移必然引起原有族群关系格局的变动，因此我们不能简单地把大槐树传说中流露出的移民的痛苦视为"故土难移"，即对地理上或空间上变化的反映，而也应视为对族群关系变化的反映。传说中的解手、背手、脚指甲、人兽婚、燕王扫北、红虫、箭程划地界等，都传递着许多与族群关系相关的隐喻性信息。

另一条轨迹则是在清末民初开始出现的。这时，一方面，初步丧失了可以同化一切异族的优越感的中国有了亡国灭种的威胁；另一方面，西方达尔文的单线进化论和近代民族国家概念也开始传入中国，影响到许多知识精英的思想。那些地方上的知识精英便开始利用自己手中的文化权力，对传统的资源加以改造，他们希望把大槐树从一个老家的或中原汉人的象征，改造成为一个国族的(national)象征。本来任凭树倒寺塌，人们并没有对这些象征多加关注，本地的文献对此也只字不提，但自此时起，人们开始重新发掘这些象征的意义，重建那些有象征意义的实物，在地方文献上记录有关史实，然后再通过碑记或者志书点明其意义所在。甚至有个民间传说把自己说成是轩辕黄帝的后代，而黄帝也是洪洞某地的人。应该说，在我们所举的那些传说中，其内容看不出与后面这条轨迹有多大的联系，特别是许多传说的主体部分与洪洞大槐树的关系也不很直接，因此，我个人不主张说，这些传说是在这时大批制造出来的(但我想也不会早于清代中叶)，但是这些传说的广泛传布，一定与这个时期、与知识精英的推波助澜有关。

前面已经说过，这些传说的文本并不是在一个时间段里形成的，它们经历了一个丰富、添加、黏附的过程。多数故事是在讲移民的原因、背景和后果，它们和移民是两个完全可以不相干的独立部分，胡大海复仇、燕王扫北，或者那个天鹅处女型故事完全可以到此为止。但是它们被嫁接在了一起，因此传说就可以被概括为史实加故事这样一个简单的公式。而嫁接的目的就是使传说因为增加了史实而显得更为可信，又使传说因为黏着了故事而显得更为生动，从而便于记忆和传承。就故事和史实这两个部分而言，故事是比较纯粹的老百姓的创造，史实则多是文人的传输；老百姓为传说提供了幻想的情节，曲折反映了他们的某种经历和心态，文人则为百姓提供了某段历史的背景知识，使后者在创造传说时有了依据。通过这些传说，百姓要告诉后代的，是关于社会剧烈动荡的记忆，是关于族群艰难分合的故事，但是这些传说也一定反映了知识精英的某种努力，他们在努力创造一些新的东西，来帮助这些传说进一步地传承和扩散。今天洪洞大槐树等网站的建立以及上面的所有内容，正是在新的意识形态氛围下知识精英参与创造和普及传说的现代体现。

由于洪洞大槐树的传说具备这样的因素，它在影响力方面超过了其他关于移民祖籍的说法，在一个相当大的范围内形成了关于族群认同的话语霸权，而造就这些因素的背景，又正是上述两条先后出现的族群认同的历史轨迹。由此我们也可以知道，人们对于自身历史的记忆不仅是一种社会的建构，而且也出于他们面临具体的生活境遇时的需求。当这种历史记忆成为一种社会记忆的时候，他们必须为此创造出可以共享的资源，获得形成社会记忆的契机。

注　释

① 国内如马长寿的《洪洞迁民的社会学研究》(载《社会学刊》，第3卷，第4期，1933)、郭豫才的《洪洞移民传说之考实》(载《禹贡》，第7卷，第10期，1937)等，一直到近年来曹树基的《中国移民史》第5卷(福州，福建人民出版社，1997)、安介生的《山西移民史》(太原，山西人民出版社，1999)、黄泽岭的《移民大迁徙》(北京，当代中国出版社，2001)等多书及多

篇论文都涉及这个问题；国外如日本濑川昌久的《族谱：华南汉族的宗族·风水·移居》(钱杭译，上海，上海书店出版社，1999)、牧野巽的《中国の移住伝说》(见《牧野巽著作集》第5卷，东京，御茶水书房，1985)等书都有论及。

② 首句也有"问我祖先来何处""要问老家哪里住""问我老家在何处"等大同小异的异文，末句"老鸹窝"亦多写为"老鹳窝"，一些文人的诗歌中也有"窝称老鹳曾迁客""窝名老鹳相传久"之句。"老鸹"即指乌鸦，较好理解；而"鹳"为水鸟，也常夜栖于高树。据说这些鹳鸟生活于附近的汾河，1991年清明节期间还大批飞来，落于第三代大槐树上，参见黄有泉、高胜恩、楚刃：《洪洞大槐树移民》，92页，太原，山西古籍出版社，1993。承蒙山西大学行龙教授惠赠此书，特致感谢。

③ 以上参见张玉吉、林中园、张青编著：《洪洞古大槐树志》，第三、第四章，太原，山西人民出版社，1988。承蒙山西大学行龙教授惠赠此书，特致感谢。

④ 参见李汉英讲述，王春亮搜集整理：《大槐树下迁民的故事》，见临汾地区民间文学集成编委会编：《尧都故事》第1集，243页，临汾日报印刷厂印，1989。

⑤ 张玉吉、林中园、张青编著：《洪洞古大槐树志》，54页。

⑥ 参见张玉吉、林中园、张青编著：《洪洞古大槐树志》，138～140页。

⑦ 参见50岁农民张金生讲述，牛安民搜集整理：《胡大海血洗林县的传说》，见潘玉修、郑玉琢编著：《根在洪洞》，228～231页，北京，中国档案出版社，1998。

⑧ 参见申榜讲述，新文搜集整理：《胡大海的故事》，见郑一民、安勇编：《燕王扫北》，329～333页，北京，中国民间文艺出版社，1989。

⑨ 参见张玉吉、林中园、张青编著：《洪洞古大槐树志》，137～138页。

⑩ 参见张林讲述，刘潮林搜集整理：《小脚趾的传说》，见郑一民、安勇编：《燕王扫北》，280～284 页。

⑪ 参见杨鹤高讲述，张俊青搜集整理：《双趾甲》，见郑一民、安勇编：《燕王扫北》，276～279 页。

⑫ 参见张玉吉、林中园、张青编著：《洪洞古大槐树志》，140～142 页。

⑬ 当我进入大槐树网(http://www.sxhtdhs.com)时，我阅读了来自各省的移民后代的来信，其中透露出的信息基本一致，传说故事也雷同。

⑭ 参见[美]保罗·康纳顿：《社会如何记忆》，纳日碧力戈译，10 页，上海，上海人民出版社，2000。

⑮ 参见[法]莫里斯·哈布瓦赫：《论集体记忆》，毕然、郭金华译，71、292 页，上海，上海人民出版社，2002。

⑯ 赵戴文：《洪洞古大槐树志序》，见柳蓉、柴汝祯辑：《增广山西洪洞古大槐树志》卷末《叙录》，32 页下，山西洪洞积祥斋石印局印，1931。

⑰ 以下所引族谱资料，皆参见黄泽岭编著：《移民大迁徙》，北京，当代中国出版社，2001。

⑱ 该村现属济源市玉泉街道。我们在张家祠堂所见到的明洪熙元年(1425)的墓志，应该是相关实物中年代较早的资料之一，其他资料多经后来转抄，说服力有限。

⑲ 在 1999 年重修的《张氏家谱序》中，仍然说始祖于洪武三年(1370)由山西洪洞迁来。

⑳ 例如，文中有"万历十三年清明节"的提法，而当时只作"清明"，不会有"节"字。另外，此刘氏后人近年曾持族谱赴洪洞与当地的刘氏家谱比对，发现无法将两谱的世系对上，又因其始祖姓尹，怀疑其来自洪洞苏堡镇的尹壁。而当地的说法是，此地在清康熙年间曾修建水利工程，引水逼河改道，将原来的师村改为引逼村。再后来因尹氏人多势大，才改称尹壁，那已是其祖先迁移很久以后的事了。关于此大槐树寻根的例子，中

央电视台有过专题报道。

㉑　参见安介生：《山西移民史》，312～317 页，太原，山西人民出版社，1999。

㉒　参见(明)乔因羽修，(明)晋朝臣纂：万历《洪洞县志》卷一《舆地志·城池》，11 页下，明万历十九年(1591)刻本。

㉓　(明)乔因羽修，(明)晋朝臣纂：万历《洪洞县志》卷一《舆地志·都镇》，17 页上至 18 页下。

㉔　参见(明)乔因羽修，(明)晋朝臣纂：万历《洪洞县志》卷二《田赋志·户口》，1 页下至 2 页上。

㉕　(明)乔因羽修，(明)晋朝臣纂：万历《洪洞县志》卷八《杂撰志·寺观》，57 页。

㉖　(清)余世堂修，(清)蔡行仁纂：雍正《洪洞县志》卷八《杂撰志·寺观》，17 页下，清雍正九年(1731)刊本。

㉗　孙奂仑、贺椿寿修，韩垧纂：民国《洪洞县志》卷七《舆地志·古迹》，9 页上，上海，商务印书馆代印，1917。

㉘　文端公即祁寯藻，谥文端。

㉙　(清)祁韵士：《万里行程记》，见山西省文献委员会编：《山右丛书初编》第 38 册，4 页下，民国二十五年(1936)山西省文献委员会排印本。

㉚　参见中国民间文艺研究会北京分会编：《北京风物传说》，1～7 页，北京，中国民间文艺出版社，1983。

㉛　参见谢明江搜集整理：《十三陵的传说》，16～21 页，北京，中国民间文艺出版社，1984。

㉜　陈学霖教授认为，这反映了蒙古人"箭程划地界"的习俗。参见陈学霖：《刘伯温建北京城传说探赜——"箭程划地界"故事考索》，见《明代人物与传说》，65～86 页，香港，香港中文大学出版社，1997。

㉝　山西大同一带流传着一个歇后语，叫"六郎的箭——干摇不掉"，传说的就是杨六郎与辽国钦差谈判，达成让"一箭之地"的协议，六郎便在

雁门关向北射箭，一箭射到大青山，辽兵只好撤到大青山以北。实际上是六郎派孟良、焦赞扛着一支大箭插在大青山上的。辽兵觉得上当，想把箭拔起来，但箭只是晃动，就是拔不起来。这个传说与前面所举如出一辙。如果陈学霖教授的假设属实，那么这个传说就显然是后起的；或者便证明了"箭程划地界"习俗是比蒙古人更早的北方游牧民族的传统。参见《杨六郎的箭》，见大同市十大文艺集成办公室编：《大同民间故事集成》，太原，山西人民出版社，1989。

㉞ (明)蒋一葵：《长安客话》，2页，北京，北京古籍出版社，1982。

㉟ 参见李海存口述，张泽良整理：《端阳节的传说》，见定襄县民间文学三套集成编委会编：《定襄县民间故事集成》，32～35页，太原机械学院印刷厂印，1987。

㊱ 参见李国成搜集整理：《常遇春三摊娄烦县》，见太原市民间文学集成编委会编：《太原民间故事》，309～310页，山西省阳曲县印刷厂印，1990。

㊲ 参见梁鸿义讲述，许世礼搜集整理：《五月端午祭江的又一说法》，见应县民间文学集成编委会：《应县民间故事 谚语 歌谣集成》，180～182页，应县印刷厂印，1990。

㊳ 高天顺讲述，洪金璞采录整理：《南召人老家在大槐树下》，见南召县民间文学集成编委会编：《中国民间故事集成·河南南召县卷》，195～196页，南召县印刷厂印，1987。

㊴ 周同议讲述，周同礼记录：《大槐树底下的人》，见社旗县民间文学集成编委会编：《中国民间故事集成·河南社旗县卷》，346～347页，社旗县印刷厂印，1987。

㊵(明)何乔远编撰：《闽书》(第1册)卷三十九《版籍志》，965页，福州，福建人民出版社，1994。

㊶(明)吴桢著，马志勇校：《河州志校刊》，28～30页，兰州，甘肃文化出版社，2004。

㊷参见张侃：《明清时期闽南山区的军屯聚落与仪式联盟》（未刊稿）。承蒙张侃教授慨然允许我对其未刊稿的引用，在此特致谢忱。

㊸ [加拿大]玛丽莲·西佛曼、[加拿大]P. H. 格里福：《历史人类学和民族志的传统——个人、历史和知识性的考量》，见[加拿大]玛丽莲·西佛曼、[加拿大]P. H. 格里福编：《走进历史田野——历史人类学的爱尔兰史个案研究》，贾士蘅译，25～31页，台北，麦田出版股份有限公司，1999。

㊹ 可参见曹树基在《中国移民史》第5卷（福建人民出版社1997年版）中的研究。

㊺ [加拿大]撒穆尔·克拉克：《历史人类学、历史社会学与近代欧洲的形成》，见[加拿大]玛丽莲·西佛曼、[加拿大]P. H. 格里福编：《走进历史田野——历史人类学的爱尔兰史个案研究》，386页。

㊻ 景大启：《重修大槐树古迹碑记》，见柳蓉、柴汝桢辑：《增广山西洪洞古大槐树志》上卷，3页下。

㊼ 贺椿寿：《古碑保障说》、陈凤标：《槐址碑记》，见柳蓉、柴汝桢辑：《增广山西洪洞古大槐树志》上卷，7页下、4页下。

㊽ 贺椿寿：《重修古大槐树处记》，见孙奂仑、贺椿寿修，韩垌纂：民国《洪洞县志》卷十六《艺文志中》，45页上。

㊾ 邹古愚修，邹鹄纂：民国《获嘉县志》卷八《氏族》，民国二十三年(1934)铅印本。

㊿ 参见谭雨明：《小云南与明清移民》，载《寻根》，2003(5)。

○51 在这方面也并非全无踪迹可寻。例如，河南南阳市唐河县的仝姓家族自称来自山西洪洞，但山西原安邑县房子村的《仝氏家谱》称其先祖出自大金夹谷氏，元灭后改称今姓。参见《山西地方志通讯》，转引自林中元(林中田)编著：《迁民后裔话迁民》，197页，临汾印业有限责任公司印，2002年山西新闻出版局内部准印本。

○52 这个假设已有人提出来过。1983年华东师范大学教授李毓珍曾在一封信中写道："我有一个设想，我认为凡是自称由大槐树迁出的人，都是蒙古族。元朝败退时可能有一些在内地过惯定居生活的人，不想走了。但汉人要'杀鞑子'，怎么办？于是想一个借口，说是由大槐树移民站迁来的（大槐树移民站的确有过），随便张、王、李、赵取一个汉姓，换一个地方定居下来。所以都说不来自己的'原籍'，也说不来自己的父祖，都是自己立祖。"但他没有说出这种设想的根据。参见林中元(林中园)编著：《迁民后裔话迁民》，56～58 页。

㉝　参见高胜恩、楚刃：《关于明初洪洞大槐树迁民的几个问题》，载《晋阳学刊》，1993(4)。

从移民传说到地域认同：
明清国家的形成

以国家、地方、族群、社区等政治或空间实体为分析单元讨论认同问题，已经成为近年来中国不同学科的热点，论著以千，甚或以万计。这样一种现象的出现，固然有意识形态导向的影响，也是中国这样一个地域广大、文化多元、经过漫长且持续不断的国家建构过程的国家的自身特点所致。

就中国历史上的认同问题而言，除我们熟悉的那些讨论之外，近年来有两个值得注意的话题：一个话题与美国的"新清史"有关，因为强调了清代历史中的满洲或内亚因素，受到了国内学术界的关注，也受到了许多学者的批判；另一个话题与美国人类学家华琛（James Watson）当年那篇关于天后（即妈祖）崇拜的文章有关，前些时候在《近代中国》(Modern China)和《历史人类学学刊》上也有一番争论，重新涉及中国文化的统一性与多样性，但较少受到学术界的关注。事实上，上述两个话题不仅关涉认同的问题，而且直指认同问题的背后。

本文试图从学术史的梳理入手，以祖先移民传说为切入点，对上述两场讨论所关涉的认同问题有所回应。[①]

一、从两场关涉"认同"问题的争论说起

2010年，有一本关于"新清史"研究与争鸣的论文集出版了，它的书名叫《清朝的国家认同——"新清史"研究与争鸣》。但通读该书的序言和后记，我并没有找到编者将关于"新清史"的讨论定义为讨论"国家认同"问题的任何说明。同年，在北京召开了一次名为"清代政治与国家认同"的学术会议，在会后出版的论文集中，也有一组关于"新清史"的讨论文章，被归纳在"清朝的国

家与民族认同"标题下，但同样在序言和后记中没有任何解释，这显然被编者认为是件不言而喻的事情。②

如果遵循一般的看法，把罗友枝（Evelyn Rawski）和何炳棣之间的辩论视为"新清史"讨论的缘起的话，他们讨论的核心概念在于是否"汉化"。"汉化"与否的确与"认同"有关，因为如果某个人群认同汉文化，就等同于它"汉化"，但是，这与"国家认同"无关。罗友枝的文章强调了清朝成功的满洲因素，但有没有只言片语说清朝就因此不是"中国"了呢？没有。即使她在《清代宫廷社会史》中强调了中国与"满洲帝国"的非同一性，也不能就因此证明她要把中国与清朝完全剥离开来。本书中所收卫周安（Joanna Waley-Cohen）对"新清史"的评述，仍然没有提及"新清史"的诸多代表作尤其注重"国家认同"问题，包括欧立德（Mark Elliot）的《满洲之道》。

也许恰恰是欧立德比较鲜明地挑战了清朝的"中国认同"问题："也许'新清史'要提出来的最大问题是，我们可否不经质疑地直接将清朝等于中国？难道我们不该将其视为是一'满洲'帝国，而中国仅是其中一部分？部分'新清史'的史家因此倾向在'清朝'与'中国'间划下一条界线，避免仅仅称呼清朝为'中国'，也不仅仅称呼清朝皇帝为'中国'皇帝。"[3] 这样的说法不免让有些中国学者紧张起来，比如，黄兴涛专门撰文讨论清朝时满族人如何对待"中国认同"问题，以回应欧立德的这种看法。[4] 这可能就是上述两本论文集以"国家认同"为主题的由来。

诚如欧立德所说，不仅清朝，历朝历代都不能直接"等于中国"。唐朝可以吗？南宋可以吗？还是说可以把辽、西夏、金和宋加起来"等于中国"？抑或是把清代中国视为一个"满洲帝国"，而中国只是其中的一部分？那也可以把13—14世纪的欧亚大陆视为一个"蒙古"帝国，而中国、印度、俄罗斯、伊朗、阿拉伯等都是其中的一部分。这样的做法其实并没有改变什么。即使我们统统承认这些，也改变不了清朝，包括元朝，是中国历史上的一个王朝的事实；讲述清朝历史，无论把它置于怎样的世界历史中，也完全无碍于它是中国历史叙事的一部分；无论是否仅仅称清朝皇帝为"中国"皇帝，我们也不可能把他称为俄国沙皇或美国总统。

欧立德为什么要担心把"清朝"和"中国"完全等同起来呢？是因为在"清朝"，还有许多非"中国"的东西而且被许多人视而不见吗？众所周知，在唐朝也是有很多非"中国"的东西的，陈寅恪的《隋唐制度渊源略论稿》就是讲这个的，大家也都接受多年，没有人整天去强调不要把"唐朝"和"中国"完全等同起来，更没有人会因此警惕"中国认同"被削弱或者被消解。所以，在我看来，欧立德所针对的只是某种历史常识，对此，我们不必紧张过度。即便清朝是一个超越了"中国"的"满洲帝国"（其实我们如果用"中原王朝"代替"中国"这个敏感的字眼会更好），也无法挑战"中国认同"。不然的话，倒不妨请教一下，晚清时期"满洲帝国"的四亿臣民（或者更多）是如何表述他们的国家认同的？

因此，与其拘泥于"新清史"语境中的某些过度挑战和中国学术语境中的某些过度回应，不如从事实的层面去一一梳理彼时的人们是如何产生对清朝统治的认同的——清初的遗民如何，农民军余部如何，西南地区的土司如何，漠南蒙古与漠北蒙古先后如何，等等，无论他们原来是属于哪个"国家"的。更为重要的是，我们需要从事实的层面去了解，究竟何种认同对于人们最重要，并进而影响到国家的建构。

第二个话题源自华琛 1985 年的文章《神明的标准化：天后在华南沿海地位的提升，960—1960 年》⑤。在这篇文章中，华琛采用"标准化"（standardization）和"正统实践"（orthopraxy）这两个核心概念，讨论了中国何以促成了"文化大一统"（cultural unification）。时隔 20 多年，《近代中国》发表了一组文章，旧话重提，由苏堂栋

（Donald S. Sutton）、彭慕兰（Kenneth Pomeranz）、宋怡明（Michael A. Szonyi）、康豹（Paul Katz）和鲍梅立（Melissa Brown）分别撰写文章，试图通过揭示地方礼仪与信仰中的"异端实践"（heteropraxy）和地方精英的"伪正统实践"（pseudo-orthopraxy）策略，证明标准化机制或正统实践并不总是有效，所以所谓"文化大一统"迟至晚清仍未完成。[⑥]

科大卫（David Faure）和刘志伟却对《华琛专号》这组强调地方文化多样性实践的文章不以为然，他们以直接批评的形式，辅以其研究团队中贺喜、唐晓涛、谢晓辉、陈丽华的个案研究，认为认识到地方文化的多样性实践，应该只是继续研究的起点，而不应该是结论。[⑦]这个意思是说，在华琛的文章发表了20多年之后，这样的表述已经成为圈内普遍接受的常识，不能对这20多年来中国社会历史研究的相关成果视而不见，而应在此基础上将对所谓"文化大一统"的机制问题的讨论推向深入，也即，在如此多样化的地方传统之上，是否存在文化大一统（文化一体性），如果是，它是怎样存在的。显然，《华琛专号》的作者们并没有对此有明显的异议。随后，苏堂栋又对科大卫、刘志伟的文章进行了反批评，进一步争论他与科大卫、刘志伟对华琛的概念和观点究竟谁理解得更为准确和到位，而科大卫、刘志伟对此的简短回应似乎比前面的长文更清晰地说明了双方的分歧所在。⑧

　　虽然后一场争论远没有前一场那么引人注目，但以我个人之见，其学术价值要高于前者。正如当年华琛提出"神明标准化"和"正统实践"的概念是基于他对香港两个天后宫的田野研究一样，论争双方在各自专号中的文章也都是具有田野和文献基础的个案。无论双方对华琛当年提出的观点以及华琛之后的学术进展如何评价或评价如何不同，他们都是在思考中国文化的统一性（或"一体性"，unity）与多样性（或"歧异"）之间的复杂关系。这样的思考，不仅出自对具体的族群或社区的信仰与礼仪实践的观察，而且被置于一个较长的（从宋代到明清）历史过程中。虽然在论争中，他们没有直接讨论"认同"问题，但如果承认中国文化的大一统，就等于承认有一个对中国文化的"认同"在那里。

这两场讨论本来各行其道，互无关涉。"新清史"的讨论者或关心的是清朝时蒙古、西藏、新疆等地区的文化歧异，而不是"中国本土"（China Proper）的文化歧异，或关心的是最高统治者的文化策略，而不是民众的文化策略及实践；而"标准化"与"正统化"的讨论者虽然也把关注的时代定为明清，并一直注重明清国家与民众之间的互动，但也没有特别思考清朝建立之后，地方传统多样性与文化大一统之间的关系是否出现了什么新的变化。双方可能的交集发生在《帝国之于边缘：现代早期中国的文化、族群性与边疆》一书中，因为该书的主编是柯娇燕（Pamela Kyle Crossley）、萧凤霞和苏堂栋，而欧立德、科大卫、刘志伟都是该书的作者。⑨当然，共享某些看法，但并不共享所有看法，是十分正常的。

这本书的核心概念是"族群性"（ethnicity），这个关键词对于柯娇燕、欧立德的关注来说要比对于科大卫、刘志伟来说更为核心，因为对于延续着对"征服王朝"的兴趣的北族王朝史的研究者来说，对于习惯于把中国当作一个没有差异的整体的外部世界观察者来说，强调多样性和差异性是自然而然的，就像柯文（Paul A. Cohen）的《在中国发现历史》强调了区域研究改变了旧的中国研究范式那样，也就像科大卫和刘志伟批评《华琛专号》的文章注重地方传统多样性，没有新意一样。而"族群性"正是这种对多样性和差异性的强调的重要标签。

所以，在该书中，欧立德讨论的是"清代八旗的族群性"⑩，他拒绝认为"族群性"问题是与异类或边缘问题直接联系的，因此讨论这个问题的意义更大，但是，强调八旗的族群性特征依然跳不脱强调多样性与差异性的逻辑。柯娇燕讨论的是"蒙古人的形成"⑪，她认为蒙古人与瑶人、疍民或畲人不同，其认同的形成过程与满洲极为类似，发生于明末清初，甚至是 17 世纪末和 18 世纪清朝的国家力量支持的产物。按她的看法，所谓蒙古人的认同是由清朝所赋予的。她所针对的，是那种自有这个人群便自然有蒙古人认同的看法；她所强调的，是清代国家在蒙古人认同形成的过程中扮演的重要角色。

科大卫的文章在某种程度上支持了柯娇燕的论点，他探讨了明代中叶大藤峡起义对于瑶人族群界定的重要意义。他认为明代国家和地方利益的结合导致了珠江三角洲本土民族的汉化，但在广西却导致了瑶人的本土化。在明中叶之后这里的身份边界被大大强化了，"16世纪在两广出现了正统实践，同时也出现了正统与歧异之间的分别。大藤峡起义正是这一分别的象征，甚至加速了这一分别的确立"⑫。虽然他比柯娇燕更强调地方利益的重要性，但同样肯定明清之际的国家行为在瑶人的族群认同的形成过程中的作用。萧凤霞和刘志伟通过珠江三角洲的宗族、市场、海盗与疍民的关系讨论族群性的问题。他们试图论证族群分类是个变动不居的历史过程，而不是一个僵化的设定。他们认为"民"与"疍"都是珠江三角洲的本土居民，他们之间的分别远比和畲人、瑶人之间的分别小得多，大体上只是陆上居民与水上居民的差别，"疍"只是在沙田开发即水上人上岸的过程中被民田区的居民制造出来的族群标签。[13]

苏堂栋认为，创造出一种主观上的统一性、一种共同的政治认同，需要同强大的外来者遭遇才能实现。所以，在18世纪的苗疆，边政官员、军队与大量汉人无籍之徒的进入造成了18世纪末的苗民起事。帝国边略、皇帝的个性、地方官的不同立场以及各种地方性力量的选择，"抵消甚至颠覆了原有的族群认同"，却使湘西苗民五部在苗民起事时达到空前的内聚。"不同的人出于相反的目的给予苗疆不同的定义，但像其他边疆地区一样，苗疆也有助于这些人定义自己。"⑭

在"族群性"或"族群认同"的形成上，上述学者都共享某种对主体性的强调，都对"中心"和"边缘"持一种相对的态度，都赋予族群认同一种变动不居的和多元的特性。另一点共识是，无论是满人、蒙古人这样的北方族群，还是苗人、瑶人、疍民这样的南方族群，其"族群性"的确定或"认同"的形成都是在16—18世纪这个时段发生的，这似乎与"帝制晚期"和"早期现代"这样的分期概念相吻合。不同的是，欧立德、柯娇燕以及苏堂栋试图证明，他们的个案与清朝的满洲特性有直接关系，从而合乎"新清史"的主张，而科大卫、萧凤霞和刘志伟则更多考虑的是明代的制度要素，其中，区域开发与国家户籍制度扮演了重要的角色。联系到前面所述围绕《华琛专号》的争论，这些学者中的确有些更侧重强调族群认同形成的多样性，有些则试图进一步寻找这些多样性背后的统一性机制。

因此，对认同的讨论应该置于如何理解特定历史时期的具体历史过程中，思考某种认同是否可以构成历史变动（如多样性差异中的统一性走向）的某种机制，才是至关重要的。

二、祖先移民传说与明代卫所军户制度

由于对"国家认同"的讨论涉及不同历史时期的国家概念，如较为侧重民族国家（nation state）形成之后的讨论，而传统的国家又与王朝、政权、天下等政治或文化概念纠缠不清，特别是往往存在预设的意识形态框架，所以在对近代以前的讨论中学者经常陷于事实与概念无法对应的困境。而所谓"地方认同"一方面牵涉到"地方"的概念，如是否社区认同或族群认同都属于"地方"认同，另一方面也牵涉到是否指称"国家"的对应物，因此也经常会引起争论。在本文中，我与其纠缠于国家、地

方等具有复杂多样指代的概念上，毋宁采用"地域认同"这样一个相对简单的、指代比较明确的概念，即指人们对生活其中的一个或大或小的地理空间之认同。

除此考虑之外，地域认同的形成可能在某种意义上超越了地方认同的狭隘、稳定的理解，它是一种动态的、不断变化的过程，在一般情况下是地方认同继续衍化的结果。同时，地域认同又往往是族群认同乃至国家认同的基础，是后者形成的早期阶段。因此，当我们讨论国家认同与地方认同的主题时，地域认同应该成为一个承上启下的历史阶段。如果我们着力于发现中国的文化多样性中如何产生出某种统一性机制，必先讨论地域认同的形成及其衍化，这便是本文的目的。

对地域认同的讨论当然也有很多切入点，如从行政区建置、方言、族群等入手，而本文只是试图从明清时期的移民传说入手。这里的移民传说，指的是关于移民迁出地的传说，即关于自己的祖先来自哪里的传说。我的假设是，关于祖先来历的移民传说的产生和传播，是地域认同形成的标志，也是国家建构的民间基础。

有关移民传说的研究已有不少，如曹树基的《中国移民史》第5卷、安介生的《山西移民史》、濑川昌久的《族谱：华南汉族的宗族·风水·移居》、牧野巽的《中国移民传说》等，都有较多涉及。[15] 其中珠江三角洲地区的南雄珠玑巷传说、北方许多地区的山西洪洞大槐树传说、华南客家的宁化石壁村葛藤坑传说、四川移民的湖广麻城孝感乡传说、江西移民的瓦屑坝传说等，得到了比较深入的讨论和解释。

南雄珠玑巷传说在珠江三角洲地区流传很广，说的是南宋时宫中的一个妃子得罪了皇帝，从皇宫逃出，逃到南雄珠玑巷。后来风声走漏，朝廷派兵剿灭，这里的人害怕受牵连，连夜扶老携幼往南迁移到珠江三角洲，于是珠江三角洲的很多地方的人都认为自己的祖先是从南雄珠玑巷迁移过来的。[16] 刘志伟认为，把这个传说认定为史实是不可靠的，但传说毕竟是重要的历史记忆，而这种历史记忆的传承对区域历史的进程产生了重要的影响。他同意科大卫的说法，认为这与明朝初年广东人的入籍问题有关。当地的本土族群、贱民为了取得合法身份，千方百计地希望政府把他们纳入户籍当中，为了与已经在籍的那些人保持一致，便采用了南雄珠玑巷迁来的说法，以证明他们的中原身份及其正统性。这个传说的普遍化是在面临入籍困境的情况下造成的，是与明朝初年广东特殊的社会环境有关的。⑰因此，无论是由于表面上的强调来自中原正统的身份，还是由于背后所反映的对入籍的追求，在刘志伟看来，这一传说都是明清时期珠江三角洲地区国家认同建立的手段和结果。

关于客家移民研究，罗香林的《客家研究导论》（1933年）和《客家源流考》（1950年）实为奠基之作。⑱他采用大量族谱资料，得出的基本观点是客家来源于中原，其主要迁移过程从南北朝到晚清共有五次，这也是相当长的时间内客家研究界的主流看法。根据陈支平的研究，虽然罗香林当时强调客家与汉人同源的观点，既有学术意义，也有社会意义，但同样通过对族谱的梳理，特别是对非客家系统的族谱的梳理，及与客家系统之族谱相互比勘，可以认为，"客家民系是由南方各民系融合形成的，客家血统与闽、粤、赣等省的其他非客家汉民血统并无差别"[19]。在他的研究中，就其中原居地和南迁过程而言，客家人与非客家人没有多大区别。他论证客家人初迁至赣南闽西一带，进而进入粤东北时，所受阻力不大，但向西南方向发展时，就与当地居民发生了激烈摩擦。随着冲突的激化，广东南部的本地居民就蔑称这些外来者为"客民"，其时应在 16、17 世纪之交。[20]

陈春声对客家的研究也是以罗香林的客家研究为起点的。他发现在韩江流域，以语音作为分类标志的有关"客"的文字资料，见于雍正《揭阳县志》对清初当地的一次动乱的描述，说明在17世纪40年代，"客"已成为当地人所接受的方言群体分类。到康熙年间迁界与复界时期，先有沿海讲福佬话的人群进入客家山区，后有包括讲不同方言的人群迁入平原及沿海，随后便出现宗族大量建设的现象，许多族谱中便出现了祖先自中原迁至宁化石壁，再迁到现居地的故事。直到咸同年间的土客大械斗和晚清城市的兴起，以及进化论思想的传播，才造就了"近代种族"意义上的客家。[21]他暗示，在晚明以前，当地是没有"客"或"客家"这样的族群分类的，这个后来被称作"客家"的人群应该同瑶人、畲人一样，是居住在南岭山区的本土居民。

根据目前的研究，如果说南雄珠玑巷移民传说是本地的一部分原有居民，或者说是占据弱势群体地位的本土居民创造的故事，而客家的宁化石壁村传说也大体如此，那么山西洪洞大槐树移民传说则呈现出一些不同的特点。首先，这个传说较多分布在今北京、河南、河北、山东等北方地区，虽然其他省区也有分布，但呈距离中原地区越远则越少的面貌，因此并不一定具有强调中原正统身份的动力。其次，这一传说虽或通过口述传统传承，或来自墓志、墓碑，但也大量见诸族谱，即与宗族的建构有一定的关系。但这些地方的宗族建构是否像华南一样与定居和赋役完纳有关，还没有明确的结论。最后，这一传说分布相对广泛，并不像"客家"那样是某一特定方言群体在特定时代和特定环境下促成的结果。

此外，在山东地区呈现出祖先移民传说的不同空间分布。这里大量分布着所谓洪洞大槐树移民的后裔，在胶东登州、莱州一带则多称祖先来自"小云南"，也有部分称其来自四川"铁碓臼"，中北部多称祖先来自河北枣强，南部有称祖先来自苏州阊门，东南部有称祖先来自"东海十三家"，等等。

这种状况似乎可以作为山西大槐树移民传说在全国

范围内的分布的一个缩影。首先，虽然未必尽如陈春声在前揭文中所言，中国是一个虚拟的"移民社会"，但的确有许多家族的移民历史是伪造的。其区别在于，边陲地区的祖先移民传说多将自己说成来自中原，且历史久远；而腹心地区的祖先移民传说只是讲从甲地迁到乙地，这些迁出地甚至籍籍无名、难以稽考。其次，中原社会或者明清帝国的腹心地区，与边陲地区的人群分类不同(其实，在更早的历史阶段，当这些地区未必处于腹心地带时也一样)，后者可以根据方言、信仰、生计模式等分为"化内"的人群与"化外"的人群，或者称为"编户齐民"与"无籍之徒"，也就是"汉"与"夷"之别，但在前者那里，基本不存在这样的区分[22]：大家都是"化内之民"，都是在籍人口，甚至代替方言的官话也很通行。但即便如此，包括这些地区的特定族群(如明代的蒙古、回回，清代的旗人等)在内，他们的祖先移民传说是否另外的历史过程的表征？

在我对洪洞大槐树传说的研究中，提到民国编纂的河南《获嘉县志》中感慨当时的人都说自己迁自洪洞，却不说自己是本土居民或明初军士，说明明初卫所制度的设置，对祖先传说的产生具有较大的影响。[23]在记述祖先迁移的时代最集中的传说中，明初洪武、永乐这个时间段是最为普遍的，而这正是卫所设置和军人调防最频繁的时期。到宣德、正统以后，大规模的军事行动已经停止，同时由于朝廷的制度做出了调整，卫所军人改为就近赴卫承役，无须长途跋涉，所以制度所规定的、全国普遍流动的移民行为大为减少。

特别重要的是，明代卫所军户制度不仅制造了原籍军户和在卫军户的分离，从而导致大量原属同一户的人口异地而居，而且通过补役、袭职，以及此地的军户在彼地屯田，导致两地人口的不断联系。根据学者们的研究，明代中叶以后许多地方军户家族族谱的编纂和宗族的建构，正是为了对付军役而采取的策略。在这里，我们似乎发现了祖先移民传说主要记载于族谱与祖先系明初军户亦大量记载于族谱的关系。

我们已经知道，山东胶东地区的"小云南"传说，主要来自登、莱一带，特别是灵山卫、鳌山卫、海阳所等地，这些地区的族谱多记载其祖先来自云南乌撒卫；而辽东地区的"山东小云南"传说，则记述其祖先来自山东登、莱，祖籍云南。[24] 众所周知，明代辽东地区均为实土卫所，极少有州县设置，而山东行都司与辽东都司具有直接的行政关系。如果这类传说反映了某种历史真实，那么这些传说只是反映了卫所军人不断调防的历史，至于祖军入籍何处则是较难确定的。同样，根据徐斌的研究，鄂东地区的大量族谱均记载其祖先来自"江西瓦屑坝"，是由于元末江西饶州人吴汝及其部将黄荣在鄱阳湖之战中为朱元璋立下大功，后黄荣任黄州卫指挥，麾下军人及其军户便成为这一地区的势族。在明初编户入籍的过程中，更多的人在建构宗族时附会这批军人的原乡便是可以理解的。㉕在我所见到的四川西昌、宜宾地区的族谱中，称祖先为军户，且同时称祖先来自麻城孝感乡的说法也很常见。有意思的是，在我所接触的自称祖先为回回的明清族谱中，大多数都有卫所军户的记录。

当然，在族谱中，我们并不都能发现关于其祖先属于明代军户的记载，比如，自称洪洞大槐树移民的后代分布极广，需要对各自入籍所在地区的历史分别进行研究，才有可能知道他们各自的真实来历，然后才能去研究他们为何都去附会大槐树传说。有学者注意到，在河南的内黄县一带，存在"异姓同宗"现象，即现今虽为异姓，但族谱记载原为同宗。这一现象有三类情况。第一类是由于政治避难，如本为蒙古人，入明后被迫将其五子分别随妻妾改为五姓；或为元官，明初逃入内黄，入赘妇家，四子一女中或从妻姓，或从李姓，五世后又或恢复原姓。第二类为本地原有居民，因元末战乱，一地仅余两姓一男一女，婚后二子各承一姓。第三类为洪洞移民，原为一姓，迁入内黄后其中一人改姓，死后并排立墓，称"双立祖"。㉖虽然族谱或墓碑并未清楚记载其有军户身份，但所说的这三类情况，一是都将其事定时于明初，显然与明初编户入籍的执行有关，二是所谓异姓同宗的现象，与后来常见的出于某种需要的异姓联宗不同，倒非常可能是明初垛集为军，将不同家庭三丁以上者抽一丁合户为一军户的历史记忆。㉗也有可能是因为避役改姓，单立一户。

虽然在边陲地区的祖先移民传说中，与明初卫所军户有关者更为常见，但本文并不是说明初所有的移民都是卫所军户，而是试图证明：第一，祖先移民传说将原乡归结为少数很难理解的小地方（如大槐树、枣林庄、瓦屑坝等）所导致的疑惑，也许与卫所军人的遣戍、调防有关；第二，卫所军户制度造成了无论在战时还是在平时都最为频繁的、成规模的人口流动，在明初的许多地方，他们成为占有一定优势地位的人群，所以虽然其人口规模未必最大，但其来历却成为周围人群附会的对象；第三，无论是否卫所军户，假如祖先移民传说多与明初入籍有关，传说中的原乡就必定对这些人入籍有利，否则便很难给出解释。

祖先移民传说所反映的地域认同与其他文化现象所反映的地域认同有所不同。比如，同乡会馆当然表现出某种对原乡的地域认同，但它们大多反映的是一时侨寓异地，或者迁入该地时间尚短的人群的心态，在社会生活中具有更为实用的功能；而移民传说则可以在数百年之后、移民早已本土化之后依然脍炙人口，在社会生活中多发挥象征作用。但二者之间也有共性，即如程美宝所指出的，地域性文化标签往往是在异乡得到强化的[28]，移民传说亦是如此。但之所以如此，是因为移民传说最初往往是移民在异乡的生存策略，后来可能演变为地方为显示其兼容并蓄的多元文化包容性而打造的标签。无论如何，与其说它反映了对原乡的历史记忆和地域认同，不如说它成了现居地地域认同形成过程中的工具。

三、地域认同与明清国家的形成

从各个地方的区域历史结构过程中，我们看到，不同祖先移民传说的存在与传承，无论其在不同历史时段的意义有何变化，都并不意在割裂或阻碍某一地方的地域认同。对于那些本来是本地居民却附会移民传说的人群来说，就更是如此。在最初阶段，制造或传播这一传说如果是为了便于入籍或者在此地定居，如果这样的传说需要得到本地居民或者在籍人群的接受，那就更会有助于形成对本地的地域认同。

以往对明清国家形成的讨论，更注重王朝开创时期的文治武功以及各项国家制度的创设、传承和嬗替，这无疑都是非常重要的。但与此同时，国家对版图及其中不同人群的有效管控，或从另一面说，版图内不同人群对新建国家的加入，也是国家形成的重要方面。这当然与文治武功、各项制度有直接关系，当然不能只考虑国家的巨大推力，也需要观察地方的能动性。

明代国家形成之初，并不试图维系元朝的巨大版图，其统治集团也不具备蒙古人那样的能力，能对北部草原和西部高原形成直接的支配。但在一个相对内缩的版图内，明朝通过各项国家制度，强化对土地、人口的管控，形成比元朝更强的内在凝聚力，只是在明代中叶以降全球性变化的背景下，出于区域开发、人口流动性加大、国家对各种资源的需求增加等原因，明朝开始逐步向外扩展。而清代国家的形成，正是继承了这二者的双重遗产，是元明国家发展的合理延续。因此，从明到清，正是国家认同形成的关键时期。

本文提及的祖先移民传说，考其源流，正是在这一过程中逐渐产生和传布的。根据现有的研究，这类传说最早产生于明代中叶，按照徐斌前述研究，鄂东地区的江西饶州瓦屑坝传说在明正德初年即已存在，至迟到清康乾时期已在当地广为流传。[29]珠江三角洲地区的南雄珠玑巷传说也大体类似，出现在明代中叶以后，到清代大为普及。华北各地的洪洞大槐树传说在晚明已有蛛丝马迹，真正广泛流传则到了清中叶以后。当然，这可能是由于大多数此类传说都见诸族谱，而各地族谱的普遍修纂是在清代，特别是清代中叶以后，因此这些传说的口头流传应该略早。

边陲地区的移民传说已经得到了比较深入的讨论，无论是否本土居民，这类传说往往以中原某地为原乡，目的在于确立某种正统性的身份。除了珠江三角洲的南雄珠玑巷传说，西部地区多有祖先来自南京珠玑巷的传说。比如，我所讨论过的云南腾冲董氏，根据其家族流传下来的明代军官的承袭供状，其本为当地土军，只是到清代嘉庆时编纂族谱，建造祠堂，才称祖先是南京人，再晚则细化为应天府上元县胡树湾人。[30]在青海某些回族和土族的口述传统中，也有祖先是南京人的说法。而自称来自南雄珠玑巷的粤人中，既有较早入籍的民人，以此将自己与瑶人、疍民、畲人相区分，也有开发沙田的瑶人、疍民、畲人，以此将自己的族群身份转化为汉。由此，具有不同历史文化传统的人群（或族群）逐渐共享了同一个祖先移民传说，从而形成了珠江三角洲地区的地域认同。同样，客家的宁化石壁村传说也具有一个中原身份的前提，以此形成了围绕南岭山区的各个山地开发人群的地域认同。

如前述，腹心地区的移民传说具有不同的特点，他们没有塑造中原身份的动力。在我看来，这可能是由于清初乱后，北方土地占有剧烈变更、卫所裁撤，屯田、民地、旗地纠缠不清，故为重申地权而创造出来的身份确认的产物，即强调自己是明代军户。被作为洪洞大槐树移民正史证据的往往是《明太祖实录》中的十几条记载，现摘录几条如下：

洪武二十二年（1389）九月"壬申，后军都督朱荣，奏山西贫民徙居大名、广平、东昌三府者，凡给田二万六千七十二顷"。

同月"甲戌，山西沁州民张从整等一百一十六户告，愿应募屯田，户部以闻，命赏从整等钞锭，送后军都督佥事徐礼分田给之，仍令回沁州召募居民。时上以山西地狭民稠，下令许其民分丁于北平、山东、河南旷土耕种，故从整等来应募也"。

同年十一月丙寅，"上以河南彰德、卫辉、归德，山东临清、东昌诸处土宜桑枣，民少而遗地利，山西民众而地狭，故多贫，乃命后军都督佥事李恪等往谕其民，愿徙者验丁给田，其冒名多占者罪之，复令工部榜谕"。[31]

引述者大多未注意到，洪武年间迁民的建议本来是户部官员提出来的，朱元璋最初也将批示下于户部，但具体的操作，却很多是由后军都督府来进行的，而五军都督府恰恰是京师内外都司卫所的上司机构，武官选授、军伍清勾，以及屯田事务，正是它们的主管职责。后军都督府除主管在京属卫外，也是北直隶诸卫（初北平都司、北平行都司）、山西都司、山西行都司以及大宁都司、万全都司的上司机构。上述地区，既是明初山西移民传说中的主要迁出地，也是其主要迁入地。虽然我们没有直接证据判断这些移民迁徙后是否仍属民户，但从操作来看，他们是被纳入卫所系统中的。

在近年对山东聊城市各区、县（即明清东昌府）的调查中，我们发现这里是山东传布山西洪洞大槐树传说最广的地区之一，有些县持此说法的村落甚至高达90％以上。在至今尚存的成化二十二年（1486）《重修东昌楼记》和嘉靖十二年（1533）《重修光岳楼记》的碑阴题名中，留下了本地武官刘氏的姓名，据万历《东昌府志》及乾隆《东郡刘氏族谱》的记载，该人正拥有后军都督府的职衔。刘氏祖上籍贯为南直隶沛县，后落籍平山卫，在

"靖难之役"前后立下功劳，五世刘汉任山西行都司平虏卫指挥、大同总兵，六世刘宠任山西都指挥佥事，隶太原前卫，于是家族成员与山西有了联系。这一家族虽然并非自称来自山西洪洞，但其身份却把官私文献中的东昌府、后军都督府、山西等要素勾连了起来。

事实上，不少地方以前自有其独特的祖先移民传说，但都逐渐被淹没在了主流话语的浪潮里。山西晋东南的许多地方，明清之际还多称来自高平赤土坡：例如，万历时进士卫一凤，"其先自高平赤土坡迁阳城"；万历时举人张廷芝，"其先高平赤土坡人"；顺治年间进士乔映伍的墓志中说其祖先由陕西龙桥关迁山西高平赤土坡，再迁阳城。但到今天的调查中，人们已失去了对"赤土坡"这个名字的历史记忆，大多改称祖先来自洪洞大槐树了。原乡从寂寂无闻的小地名改为脍炙人口的大地名，当然也反映了地域认同。

无论如何，祖先移民传说与明初的定居和开发史有直接关系，而不同人群从这里那里来到一处定居和开发的历史过程，也就是地域认同逐渐形成的过程。

不同人群在不同时期定居与开发的历史，不仅是明清时期普通人的历史，也是明清国家形成的历史。我们知道，明帝国获得的疆土遗产，一方面是蒙古人空前广大的疆域，另一方面是这一广大疆域内部的非均质化，即存在许多"地理缝隙"。其中既有处于边陲的较大的"缝隙"，也有处于内地的较小的"缝隙"，它们与中央、与区域行政中心的关系还是非常疏离的。因此，除以州县系统管理国家的编户齐民之外，明朝以卫所—羁縻卫所（土卫所）—土司系统管理边陲地区（外边），以内地卫所系统管理腹地的"地理缝隙"（内边），即非编户齐民，或将其化为编户齐民。整体而言，土司虽是国家设置的地方行政机构，但具有明显的"在地"特征，而卫所则更具帝国"代理人"的特点。于是明朝对边陲的控驭就与元朝有了显著的不同。

清代延续了这一过程。起初，东北和蒙古地区属于"禁地"，但与中国南方的开发向山区拓展，向云、贵、桂等西南边陲地区拓展一样，北方民众开始向东北、蒙古地区迁移开发。随着"闯关东"和"走西口"的浪潮，"山西洪洞大槐树"传说在蒙古地区、"山东小云南"传说在东北广泛流传开来，这些移民传说便将地域认同从长城以内扩展到长城以外，清代国家的版图就此奠定。

明清国家的形成可以放在一起讨论吗？明与清的制度（regime）当然有很大不同，特别是强调清代之内亚因素的"新清史"更这样认为。但就原属明朝版图的部分而言，我认为是可以一起讨论的。为什么大家都看到了16世纪以后的变化？套用过去称呼近代史的说法，明代也是"两个半"：前一半是与元代国家的纠葛，后一半是开启了清代国家的新变化。所谓与元代国家的纠葛，是说明前期延续了元朝的某些国家管控体制，比如，在内地实行按役分户、配户当差的制度，在边疆实行土司—卫所双重管理制度等，以不同的统治模式将国家与人民、土地连接起来。但到明代中叶，也即大体上的16世纪以后，这些制度开始松动，甚至瓦解，民户中的里甲制、军户及匠户制度等都发生了变化，边疆地区开始改土归流，卫所开始在地化。为了适应这些变化，我们所熟知的财政制度改革，在明代中叶后定出原则，入清后基本确立并在实践中不断调整。宋至明中叶国家对于百姓（包括各类户）相对随意的榨取，逐渐变为按照比较规范的原则和标准（财产）来获取。上述变化自然强化了人口的流动性，这进一步促进了国家对边陲地区的管理从羁縻性的间接治理逐渐向直接治理过渡，在内地实行的原则和标准开始在边地推行。清代国家对基层社会的支配方式几乎完全沿自明代，只是更加规范化、制度化，支配的强度加大。所以，自16世纪开始的一个新的"国家"的形成，到18世纪的清代才告一段落。

本文几乎没有涉及清代国家制度的新变化，或"清的形成"，这需要另撰文讨论，以回应因"新清史"而引发的相关问题。一个粗略的看法是，无论对"旧疆"还是对"新疆"来说，无论统治者的身份还是国家的制度有怎样的差异，历史基本的走向是具有连续性的，清与明之间并不存在巨大的断裂。诚然，内亚因素的加入极大地影响了清代国家的形成，但华南和西南的开发也极大地影响了明代，特别是 16 世纪以后的明代国家。

16—18 世纪，这个由于上述变化导致人口流动性加大的时期，正是各种祖先移民传说从萌发到广泛流传的时期，也是祖先移民传说从更早的口头流传变成文字记录的时期，也即为士大夫传统所接受和利用的时期。这些传说故事不是像其表面上那样反映了某种地方认同，或原乡认同，而是由于不同的人群出于不同的需要共享了某一传说，因而反映的是超越地方的认同，即现居地区的地域认同。这种认同的过程和特征与族群认同有些类似，因为族群认同也可能是超越地方的，这也许正是本文前面所提进行"族群性"讨论的学者将南北方许多不同族群的认同形成也置于16—18世纪的缘由所在。

如前所述,随着清代的移民运动向西部和北部扩展,移民传说也逐渐在这些地区广泛流传,它和其他的文化标签一起,扩大了地域认同的空间,成为不断丰富和逐渐定型的国家认同的表征。

注 释

① 本文系香港中文大学科大卫教授主持之卓越学科领域计划(AoE)项目"中国社会的历史人类学研究"的阶段性成果之一。受许纪霖教授之邀,本文初次宣读于华东师范大学召开之"明清以来的地方意识与国家认同"学术研讨会,承蒙冯贤亮教授的指教,特此致谢。又本文的补充修订,系受到会上刘志伟教授、石井冈教授的发言启发,亦致谢忱。

② 刘凤云、刘文鹏编:《清朝的国家认同——"新清史"研究与争鸣》,北京,中国人民大学出版社,2010。刘凤云、董建中、刘文鹏编:《清代政治与国家认同》,北京,社会科学文献出版社,2012。

③ [美]欧立德:《满文档案与"新清史"》,见刘凤云、刘文鹏编:《清朝的国家认同——"新清史"研究与争鸣》,391页。

④ 参见黄兴涛:《清朝满人的"中国认同"——对美国"新清史"的一种回应》,见刘凤云、董建中、刘文鹏编:《清代政治与国家认同》,16~34页。文中将《清实录》作为代表"满人"立场的文献,包括将康熙帝、雍正帝的看法作为"满人"立场的代表,都还可以进行进一步的讨论。

⑤　James Watson, "Standardizing the Gods: The Promotion of T'ien Hou ('Empress of Heaven') Along the South China Coast, 960-1960," in David Johnson, Andrew Nathan and Evelyn Rawski eds. , *Popular Culture in Late Imperial China*, Oakland, University of California Press, 1985, pp. 292-324.

⑥　*Modern China*, 2007, 33(1), pp. 3-153.

⑦　《历史人类学学刊》, 第 6 卷, 第 1～2 期合刊, 2008。

⑧　参见［美］苏堂栋:《明清时期的文化一体性、差异性与国家——对标准化与正统实践的讨论之延伸》,科大卫、刘志伟:《简短的回应》,载《历史人类学学刊》, 第 7 卷, 第 2 期, 2009, 139～166 页。

⑨　P. Crossley, H. Siu and D. Sutton eds. , *Empire at the Margins: Culture, Ethnicity, and Frontier in Early Modern China*, Oakland, University of California Press, 2006.

⑩　该文的中文译文见刘凤云、刘文鹏编:《清朝的国家认同——"新清史"研究与争鸣》, 93～128 页。该译文将 ethnicity 译为"种族性",容易引起歧义。因为在中文里,通常将白种人、黄种人、黑种人等视为种族,即英文的 race。

⑪　P. Crossley, "Making Mongols," in P. Crossley, H. Siu and D. Sutton eds. , *Empire at the Margins: Culture, Ethnicity, and Frontier in Early Modern China*, pp. 58-82.

⑫　D. Faure, "The Yao Wars in the Mid-Ming and Their Impact on Yao Ethnicity," in P. Crossley, H. Siu and D. Sutton eds. , *Empire at the Margins: Culture, Ethnicity, and Frontier in Early Modern China*, pp. 171-189.

⑬　参见 H. Siu and Liu Zhiwei, "Lineage, Market, Pirate and Dan: Ethnicity in the Pearl River Delta of South China," in P. Crossley, H. Siu and D. Sutton eds. , *Empire at the Margins: Culture, Ethnicity, and Frontier in Early Modern China*, pp. 285-310.

⑭　D. Sutton, "Ethnicity and the Miao Frontier in the Eighteenth Century," in P. Crossley, H. Siu and D. Sutton eds., *Empire at the Margins*: *Culture*, *Ethnicity*, *and Frontier in Early Modern China*, pp. 190-228.

⑮　曹树基:《中国移民史》第5卷, 福州, 福建人民出版社, 1997。安介生:《山西移民史》, 太原, 山西人民出版社, 1999。[日]濑川昌久:《族谱: 华南汉族的宗族·风水·移居》, 钱杭译, 上海, 上海书店出版社, 1999。[日]牧野巽:《中国の移住伝说》, 见《牧野巽著作集》第5卷, 东京, 御茶水书房, 1985。

⑯　据我了解, 在青海的汉族和藏族中有从南京珠玑巷迁来的传说, 这是把明初卫所设置造成的移民与此混淆起来了, 那是另外值得研究的问题, 但也可见传说的影响之大。

⑰　参见刘志伟:《附会、传说与历史真实——珠江三角洲族谱中宗族历史的叙事结构及其意义》, 见上海图书馆编:《中国谱牒研究——全国谱牒开发与利用学术研讨会论文集》, 149～162页, 上海, 上海古籍出版社, 1999。

⑱　罗香林:《客家研究导论》, 上海, 上海文艺出版社, 1992;《客家源流考》, 北京, 中国华侨出版公司, 1989。

⑲　陈支平:《客家源流新论》, "引言", 3页, 南宁, 广西教育出版社, 1997。

⑳　参见陈支平:《客家源流新论》, 135页。

㉑　参见陈春声:《地域认同与族群分类——1640～1940年韩江流域民众"客家观念"的演变》, 见李长莉、左玉河主编:《近代中国社会与民间文化》, 38～67页, 北京, 社会科学文献出版社, 2007。

㉒　这一区分表明, 华南学者试图从区域文化传统多样性出发, 发现更大空间内的文化统一性机制, 而对北方或王朝腹心地区的研究恰好体现了它们如何在宋代以后经历了这一过程, 为华南研究提供了"前车之鉴"。

㉓　参见赵世瑜:《祖先记忆、家园象征与族群历史——山西洪洞大槐树传说解析》, 载《历史研究》, 2006(1)。

㉔　参见刘德增：《大迁徙——寻找"大槐树"与"小云南"移民》，第三章，济南，山东人民出版社，2009。

㉕　参见徐斌：《明清鄂东宗族与地方社会》，276~280 页，武汉，武汉大学出版社，2010。

㉖　参见傅辉：《华北移民后裔异姓同宗现象探微》，载《寻根》，2006(5)。

㉗　参见赵世瑜：《两则墓志所见之明初军户的垛籍》，见陈春声、刘志伟主编：《遗大投艰集：纪念梁方仲教授诞辰一百周年》(上)，525~533 页，广州，广东人民出版社，2012。

㉘　参见程美宝：《近代地方文化的跨地域性——20 世纪二三十年代粤剧、粤乐和粤曲在上海》，载《近代史研究》，2007(2)。

㉙　参见徐斌：《明清鄂东宗族与地方社会》，21~22 页。

㉚　参见赵世瑜：《身份变化、认同与帝国边疆拓展——云南腾冲董氏族谱(抄本)札记》，载《西北民族研究》，2013(1)。

㉛　《明太祖实录》卷一百九十七、卷一百九十八各条，台北，"中央研究院"历史语言研究所校勘本，1962。

洪洞大槐树移民传说
研究的学术史脉络

山西省洪洞县应该是全国知名度较高的县份之一，除了因为京剧《玉堂春》的唱词脍炙人口，更主要的是因为在全国各地，特别是在中国北方，数以百万计的人自称迁自山西洪洞，围绕它出现了大量的移民传说故事，因此在传统的移民史研究中，洪洞大槐树移民问题成为一个重要课题。

对中国历史时期人口迁移现象的研究，一直是历史学关注的重要课题，其直接的动因是探讨不同时期的人口迁移活动对各个历史发展阶段究竟产生了怎样的影响和作用。因此，现代中国学者很早就开始了对历史时期人口迁移问题的探讨，至今在研究对象、方法、内容等方面已积累了非常丰硕的成果。

20 世纪，尤其是 80 年代以后，很多学者从不同的角度对此问题进行了探讨。概括而言，在研究对象上，既有以全国范围为研究对象的宏观性研究①，也有以某一特定区域为对象的微观性研究②；在研究时段的选取上，既有从古到今的长时段研究③，也有以某一朝代或重要时期为断限的短时段研究④；在研究方法上，既有主要利用历史学的文献考证方法，也有兼及考古学、人口学、历史地理学、地名学、语言学、社会学和文化人类学的多学科交叉方法。但由于移民史本身的复杂性，由于它牵扯的问题的广泛性和多面性，由于官方文献、地方文献、口碑传说的相关记载存在颇多歧异，亦多传奇色彩，该问题至今仍未得到相对合理有力的解释。

我们希望，今后在研究内容或者说关注的重点上，除了关注"人口迁移"这个动态的客观过程，还应关注"移民"这一主体生命本身及其背后的思想、文化过程，使移民史研究随着研究方法的多样化和研究视野的扩大，为我们重新理解中国历史提供更富启发性的视角，成为我们了解社会结构嬗变的重要线索。本文试图以研究者及其作品背后暗含的问题意识，作为梳理洪洞大槐树移民问题研究的分类参照，由此，我们或可提出自己的一些新思考。

一、研究的起点：本地的立场

在今山西临汾市，有一个在全国知名度很高的县份——洪洞县。不知从何时起，在北方民间广泛流传着这样一句歌谣——"问我祖先来何处，山西洪洞大槐树"，同时，还有大量与此相关的歌谣、故事、家谱和碑刻等口碑资料散播在民间。洪洞被成千上万的人们认定为他们祖先的发源地，成为他们心目中故乡的象征。此外，这里还是明代小说家冯梦龙在《警世通言》第二十四卷中描写的《玉堂春落难逢夫》故事的发生地⑤，根据该小说改编的戏剧《玉堂春》传唱大江南北，剧中唱词"苏三离了洪洞县，将身来到大街前"，也使洪洞为更多人所知。

根据最早将大槐树和移民问题联系起来的民国版《洪洞县志》的记载来看，洪洞大槐树是明朝初年政府大规模移民的官方中转站，所谓"明洪武、永乐间屡移山西民于北平、山东、河南等处。树下为集会之所。传闻广济寺设局驻员，发给凭照川资"⑥。因此，在学术界对移民史的研究中，"洪洞大槐树移民"作为一个真实的历史事件而成为学者们研究的一个重要问题。

1914年洪洞地方精英创修的"古大槐树遗址"和1921年编撰的《洪洞古大槐树志》⑦，不仅是洪洞本地历史上的重要事件，而且也是直接引发学者关注并研究这个问题的一个重要契机。因为不仅遗址的修建将民间传播的大槐树移民传说变成了有迹可循的遗迹，而且志书的记载也成为日后研究者的史料依据。而如果仔细研读《洪洞古大槐树志》中所辑录的百篇文稿，其间流露的观点和提出的问题本身就反映了该书作者对大槐树移民问题的认识。比如，时人赵戴文概括该书的内容为"志中详载大槐树系明初洪永之际迁民点行处"[⑧]，同时也提出了大槐树移民"但不见诸史，惟详于谱牒"的问题[⑨]。因此，从这个视角来看，该志书是把洪洞大槐树移民放在作为一个真实历史事件的问题意识和研究视野下的开山之作。

大体而言，"洪洞大槐树移民"问题以民国初年洪洞士绅景大启、刘子林等创修遗址和编撰志书为发端，中经民国时期不同学科学者的关注，下至20世纪80年代盛世修志背景下洪洞县志办公室对移民资料的大量调查和征集，以及90年代以来被学者视为"历史之谜"加以研究。多数学者利用大量的家谱、墓志铭等资料及实地调查，对移民的原因、经过、路线等问题做了有意义的探索。

二、先行的社会学家

1933 年，著名社会学家李景汉的经典之作《定县社会概况调查》一书出版。他对河北定县"东亭乡村社会区"的 62 个村庄进行调查后发现，没有一个村有具体的材料如碑记、宗谱等作为证据，只有村人的传说。这 62 个村一共 10445 户、58000 人、529 族、110 姓，除极少数以外，都说是 500 年前燕王扫北以后从山西洪洞县迁来的。

李景汉的贡献在于统计。经过调查，称迁自洪洞的有 217 族，来自定县本地的有 44 族，来自河北其他县的有 10 族，来自山西的有 3 族，来自新疆的有 3 族，来自山东的有 1 族，其他 251 族记不得来自哪里。此外，称迁自洪洞的都是说在明永乐年间迁来，其他还有个别族是在清雍正、嘉庆及以后各朝迁来。[10] 如果没有族谱和碑记等文字资料，这些说法从哪里来的呢？全凭记忆吗？李景汉没有说明，而我认为是不可能的。在该书中专有"宗族"一节，其中说到，在62个村中，有祠堂19座，其中6间屋者3座，5间屋者5座，3间屋者8座；同时，有1家祠堂下的族众有970人，1家有660人，1家有400人，7家有300～399人，2家有200～299人，等等；另有3家祠堂的存在时间分别为280年、288年、356年，4家祠堂存在了100～200年，等等。此外，这些宗族分别有族长和族产。⑪这样规模的宗族完全没有文字记录的可能性极小。

在该书述及定县历史时，主要是少量地利用了地方志，几乎没有搜集和利用民间文献。比如，书中记全县当时有近900座寺庙，统计了庙中的偶像数、房间数，但就是不提有没有碑记。即使是进入21世纪，当我们进行初步的调查时，也还是可以看到不少碑刻资料的。这说明社会学调查的目光主要是瞄准现实，并不在意地方历史，因此也就不太重视民间文献。所以，尽管李景汉在定县的调查注意到了洪洞移民的说法，但并没有给出任何解释和分析。

在《定县社会概况调查》出版的当年，马长寿发表了《洪洞迁民的社会学研究》一文，他通过对朋友、同学等多人进行调查访谈，获取了相关传说、歌谣等口碑资料，认为这是政府临时性人口调节政策的结果。[12]

三、作为历史事件的洪洞大槐树移民问题研究

1937年，郭豫才撰写的《洪洞移民传说之考实》一文，也是学界较早对洪洞移民传说进行的研究。他以正史记载为依据，辅以碑刻、家谱等资料，试图通过对大槐树移民传说的合理解释来考察大槐树移民的真实面貌。该文的一个重要观点是："洪洞移民之时间，不自

明始，而始于金；地域不限于洪洞而指晋南诸郡。"⑬当然，这样的结论对明初洪洞大槐树移民说无疑是一个挑战，但同时又可引发学界对该问题的进一步深入研究，也就是说，作者似乎只是将洪洞移民视为长期而广泛的移民浪潮的一个缩影。不过令人遗憾的是，郭氏提出的问题一直无人回应。到 20 世纪 80 年代，当大槐树移民问题再度进入学者的研究视野时，学界已普遍地接受了明初洪洞移民说，继之而起的一系列论文、论著大都是在这样一个前提下的研究成果，而这种研究思路一直延续到了新旧世纪之交。换言之，把洪洞大槐树移民作为一个特定的历史事件来研究，是 20 世纪，尤其是 80 年代以后学界的主要研究取向。

20 世纪 80 年代初，洪洞县志办在《参考消息》上刊登了《古大槐树迁民资料征集启事》，之后陆续收到了数百份家谱、族谱、墓碑和祠堂碑的抄件等大量资料，这首先引起了当地县志办研究人员的高度重视，其中林中园、张青用力最勤。他们对浩繁的资料进行爬梳整理，出版了《洪洞古大槐树志》一书。与此同时，洪洞大槐树移民问题也开始引起学界的极大关注，费孝通、傅振伦、李毓珍等学者都曾对这个问题表示出浓厚的兴趣。⑭之后学界围绕这个问题的论文、论著便逐渐多了起来。据我统计，自20世纪80年代至21世纪初的二十来年间，出版的相关论文约有数十篇⑮，论著也有十余部，如张玉吉的《洪洞大槐树志》(山西人民出版社1988年版)、黄有泉的《洪洞大槐树移民》(山西古籍出版社1993年版)、潘永修的《根在洪洞》(中国档案出版社1998年版)、郑守来的《大槐树寻根》(华文出版社1999年版)、黄泽岭的《移民大迁徙》(当代中国出版社2001年版)、张青的《洪洞大槐树移民志》(山西古籍出版社2000年版)、林中园的《迁民后裔话迁民》(2002年山西新闻出版局内部准印本)等。这其中林中园⑯、张青⑰、黄泽岭的贡献独特，前两位一直致力于对洪洞当地收集来的资料进行整理和对本地文化进行研究，而最后一位则亲自深入河南乡村，对散落在民间的碑刻、族谱以及各种口述资料进行大范围的收集整理⑱。这些论著中收集并利用了大量的地方志、家谱、族谱和墓志铭等资料。

此外，近年来的许多著作，如曹树基的《中国移民史》第5卷、安介生的《山西移民史》、牧野巽的《中国移民传说》等，对大槐树移民问题都有较详细的涉及。⑲

总体来讲，这些研究几乎都是把在民间流传的"祖先是明初从山西洪洞来的"这个说法作为研究的一个既定的前提，因此，研究的内容一则是描述此次移民的史实，二则是在此基础上分析移民的原因并试图复原明初山西向外移民的时间、次数、路线等。这些内容也大致反映了传统移民史研究的主要取向。

在对明初洪洞大槐树移民史实的考证研究中，学者多持"洪武、永乐年间共计移民18次"的说法。例如，李靖莉、孙远方和宋平指出，"洪洞作为晋南人多地少的狭乡，政府有组织地向外迁民先后有 18 次"⑳，但是文中并没有详细地列出具体的史实依据。不过，如果翻阅众多相关主题的论文，那么，张青文中罗列的 18 次迁民史实是很有代表性的，也是学者普遍采用的依据。㉑事实上，这些记载只能作为山西向外移民的依据，然而许多作者为了论证的需要，就浑然不觉地把它认定为洪洞移民的史实了。㉒

移民的原因即迁移背景是研究移民史的重大问题。对于洪洞大槐树移民原因的探讨，学者提供的解释也基本上是大同小异的。论者多强调以下两方面原因的交互作用：一方面是由于元末明初的王朝鼎革之战、统治阶级内战等造成中原土地荒芜、人口稀少，因而政府下令移民；另一方面则是山西，甚至洪洞社会稳定、经济富足、地狭人众的客观形势，使之成为自然的人口迁出地。姑且不论上述原因是否符合历史的真实，一个显而易见的事实是，上述原因的分析针对的乃是整个山西。

于是，有学者便提出山西人口稠密地区首推平阳府，而洪洞县又是该府人口最多的县，以此来试图说明洪洞是移民迁出最多的地方的事实。但是，正如安介生所指出的："仅从常识出发，假如这些资料都属实的话，那么，累积起来，将是一个相当庞大的移民数字，而洪洞一县在明初可能拥有如此众多的人口吗？"[23]

此外，关于洪洞移民的分布范围及其对迁入地的影响也是学者探讨的一个重要问题。如果说民国年间学者普遍认为河南、山东、河北等地是移民的主要入居地，那么到20世纪80年代后，也许是在寻根问祖的社会思潮的推动下，洪洞移民的分布范围着实扩大了许多。有学者考证认为："明朝洪洞大槐树移民姓氏共800余个，移民分布共18个省(市)500余县(市)。"[24]当然，这其中还考虑了所谓二次迁移的因素，等等。在众多的迁入地中，河南、山东、河北是学者普遍认为的主要迁入地，因而有关洪洞移民对迁入地的影响也主要集中在对这几个地域的探讨上。其中，刘郁瑞、张青提出的古槐文化概念㉕，叶涛对移民给山东民俗、民间艺术和行为习惯带来的影响的探讨㉖都在一定程度上深化了移民研究。但是，论者多以一些非常宏观的概括性描述来代替本来非常鲜活细致的具体分析。于是诸如巩固明朝统治、恢复生产、发展经济、振兴中原、开发边疆、民族融合、文化交流等成为学者论述移民影响的普遍术语。我曾指出，这样的做法基本上是"人口迁移史"，而不尽然是移民史。要真正对移民的影响有一个深入的探讨，首先纳入我们研究视野的也许应该是"这些徙自他乡的人如何在陌生的土地上艰苦立足、如何处理他们与土著之间的关系等等"㉗。

正是基于上述研究思路，洪洞大槐树移民在中国移民史上占据了非常显著的地位，而这反过来又强化了学界把洪洞大槐树移民作为一个重要历史事件的认识。葛剑雄在为安介生的《山西移民史》所作的序言中即指出：

"在中国移民史上辐射范围最广、影响最大的一个移民发源地，大概要算山西洪洞大槐树了。"[28] 张青则断言："明朝洪洞大槐树移民，无论从时间上，从地域范围上，从组织规模上来说，无疑是中国移民史上的顶峰，是中国历史上的第四次移民也是规模最大的一次。"[29]

四、曹树基《中国移民史》第5卷读后

曹树基的《中国移民史》第5卷涉及明代的移民史，从其研究的深度和规模来说，超过了以往的成果，理应对其进行详细讨论。在该书中，作者几乎没有对山西移民的迁出地——无论是传说中的洪洞还是其他地区——进行探讨，而主要是对洪武和永乐两个时期移民的迁入地区进行分析。他在讨论淮北地区的山西移民时，发现灵璧县土山乡的几乎所有姓氏都自称来自山西老鸹窝，但唯一见到的《丁氏家谱》则称祖先来自山西的曲沃县。

而该县的北邻睢宁县也多称自己是山西人的后代，如世居安徽濠州的明初开国功臣汤和兄长之后代，居然也称自己的祖先来自山西，若非近年来发现了汤氏的墓志，这个说法恐怕还难以纠正。对于这个现象，作者将其解释为山西移民（规模巨大）对当地产生的影响。㉚

山东也是传说中山西移民移入的重要省份。根据曹树基的统计，东昌府在洪武年间的移民占总人口的73.4%，而其中来自山西的移民又占总人口的一半以上，达11万余人。在兖州府，洪武时期的山西移民达50万，也超过了当时该地总人口的60%。他引述了民国《金乡县志》中的一段议论："幼时闻父老相传，吾邑居民多于明初自晋省迁来，而未得确证。丙子秋，予获读城北杨家庙杨氏族谱，其中有万历元年序云：'始祖佑原籍洪洞县之大杨树，及明太祖削平天下，山东数郡遭兵灾，人民鲜少。洪武十八年乙丑，迁太原等处居民数万于山东，佑亦于此时迁金乡。'据此，则明初迁民之说犹信。"曹树基认为，由于该谱序的时间距离所记述的时间不过188年，不算太久，"所述当不致于发生错误"。这一论断的基础，就是对未亲见之族谱的说法予以采信。

该书对山东东部各府的讨论更有意思。作者发现，由于青州的移民多来自河北枣强，因此在墓碑和族谱中，有多种称祖先来自"山西枣强"，甚至称祖先先自山西洪洞迁至枣强，再由枣强迁至青州。作者认为属于河北真定府的枣强也是个移民中转站，但无法理解为什么人口稀少的真定会向人口稠密的青州移民。问题在于，族谱中的记载就那么可信吗？在胶东半岛的登、莱二州，传说祖先迁自云南的不在少数，其族谱中可以见到这样的说法，如"明永乐二年，吾祖自云南哈密县乌沙卫街大槐树村迁至钟鼓村定居"（崂山县仲村《王氏族谱》），"吾祖张氏闻先人祖居小云南乌撒卫十字街大槐树底下"（小寨子村《张氏族谱》），等等。这些地名完全无法统一起来，有的位于西南，有的位于西北，而"大槐树"则是山西移民的一个符号，这显然是不同时期、不同原因造成的历史记忆的叠加。根据这样的记载，我们究竟应该怎样进行判断呢？

　　传说中山西移民众多的河南情况如何？曹树基在书中引述相关文献，描述了明初山西移民的情况，如提到明末清初著名官员张缙彦在《先考别驾公行述》中说，"先世家庐太行洪洞下，文皇帝时，移右族以实河朔，有得山公者，择新中之送佛村居焉"，明朝温县何永庆撰《朱裳墓表》称，"其先山西洪洞人，国初占籍温东十里许，曰平皋"，又明进士屈可伸所撰《重修大觉寺记》中亦说，"高皇帝定天下，籍民占田，而土著数十家，卒移泽、潞以西洪洞、长子一带诸郡民来其地"，等等。但作者也注意到，也有相当多的文献对如此多人众口一词地谈到洪洞表示怀疑，最典型的是民国《获嘉县志·氏族志》中的一段话：

何今之族姓，其上世可考者，尚有千百户之裔；其不可考者，每曰迁自洪洞，绝少称旧日土著及明初军士。盖自魏晋以来，取士竞尚门户，谱牒繁兴，不惜互相攀附，故虽徙居南方，其风未泯。而中原大地，则以异类逼处，华族衰微，中更元明末世，播窜流离，族谱俱附兵燹。直至清代中叶，户口渐繁，人始讲敬宗收族之谊，而传世已远，祖宗渊源名字多已湮没，独有洪洞迁民之说，尚熟于人口，遂致上世莫考者，无论为土著，为军籍，概曰迁自洪洞焉。

曹树基认为，如果人们冒称洪洞移民发生在移民数量占绝对优势的地方尚可理解，如果本土居民与移民力量相仿甚至多于移民时则很难说通。其实，移民如果人多势众，反倒无须"攀龙附凤"，恰恰是他们的生存遭遇困境，才需要采取"从众"的态度。关于这篇议论，我们在前面二文中已有探讨，这里需要指出的是，地方志作者并未否认本地有山西移民之事实，而只是怀疑人们关于洪洞的共识有人云亦云之嫌。

曹树基在书中也引述道，河南汲县（今卫辉市）郭全屯结义庙立于洪武二十四年（1391）的石碑记载，"山西泽州建兴乡太阳都为迁民事，系汲县西城南社双兰屯居住。里长郭全下人户一百一十户"，又清代名宦刘统勋所撰《黄冈令敬修畅君墓志铭》中说，"先世山西阳城县，明初奉诏乐迁河南卫郡之新乡"，说明河南的山西移民中来自晋东南相邻地区的也不少，《明太祖实录》所谓洪武二十一年（1388），"迁山西泽、潞二州民之无田者，往彰德、真定、临清、归德、太康诸处闲旷之地，令自便置屯耕种"，也证明了此点。故而作者假设，"所谓枣强人可能是真定人的代名词，犹如洪洞县之对于山西人"。㉛

但是，根据该书的研究，迁至山东的山西洪洞人达

121.4 万人，占移民总数的 65.8％，迁至北平地区六府的山西移民有 47.3 万人，占移民总数的 55.8％，作者未对河南、山西的移民单独做出统计，而仅统计出民籍移民 93.4 万人，占移民总数的 32.7％，但断定"大部分的民籍移民来自山西"，这样，仅这 4 个地区的山西移民就应在 250 万左右，声称来自洪洞的移民又在其中占了多数。那么，这 200 万左右的移民真的可能全都是洪洞人吗？还是作者也认同洪洞"中转站说"？

另一个问题是，尽管山西或洪洞移民的问题在迁入地的影响比在迁出地要大，引起的讨论要多，但如果我们要想真的在移民史的研究上有所突破，脱离对迁出地区的社会历史的全面考察，恐怕也会不得要领。当然，对迁入地的研究，也不能局限于移民人口本身，还要扩及移民所在之历史情境及其社会变迁，当然由于自称洪洞移民的人数众多，居住范围甚广，要想逐一深入细致地调查研究，还需要更长时期、更多参与者的努力。

五、牧野巽《中国の移住伝说》读后

牧野巽系日本著名社会学家户田贞三的学生，故其研究领域虽在东洋史，但研究路数和主题带有鲜明的社会学、人类学倾向。因此，他的重要作品集中在中国的家族、宗族和民族方面，移民的研究自然也与此直接相关。尤为重要的是，从传说而非直接从移民现象入手进行研究，在目前的研究中尚属少见，牧野巽可谓这一块土地上的拓荒者。㉜

《中国の移住伝说》(《中国的移民传说》)一书包括了十篇独立成章的论文，分别是《海南岛崖县来自福建莆田甘蔗村的传说》《华北(河北、山东、山西、河南、安徽诸省)来自洪洞(山西省)的传说》《深州风土记所见河北省深县氏族来历的变化》《晋北来自朔县马邑乡的传说》《广东人来自广东南雄珠玑巷的传说》《客家人来自福建宁化石壁洞葛藤村的传说》《福建人来自河南固始的传说》《湖南来自江西的传说》《宋元时期四川来自唐僖宗扈从的传说与现代湖北、湖南的传说》《云南少数民族的祖先传说》，以及一篇《结语》。这些研究几乎囊括了中国所有最重要或者影响面最大的移民传说，实为此领域不可忽视的奠基之作。

牧野巽研究的出发点，是有感于中国同乡观念的强烈，而且通过这些传说，我们可以看到同样强烈的中国祖先观念（或宗族观念）与同乡观念的结合。正如祠堂是祖先观念得以不断强化的制度构造一样，城市中的同乡会馆、同乡会和乡村中的村社几乎扮演着与祠堂同样的角色。由于牧野巽的学术背景，他也特别注意这些传说背后的族群或居民的系统与文化系统之不同，注意这些传说的历时性和层累构建的过程。我们的研究已经发现，在不同地方的宗族建构过程中，祖先迁移传说占据着重要的位置，这个传说讲得越丰满、越翔实，这个宗族在地方上的权威就越高，其他族姓就越愿意依附，因此关于始迁祖的传说故事便成为宗族建构的重要手段。早已有人注意到了移民传说多见于谱牒和墓碑，而少见于正史，他们以为这是官方修史者不重视此类事情的缘故，殊不知原因恰在于此。所以，研究移民传说完全无法脱离宗族历史的研究。在这个意义上，同乡的或者地缘的意义服从于宗族的或者血缘的意义，而宗族之建构，其影响和约束力又绝不仅限于血缘，而同时也在于地缘。

在这里，我们仅对牧野巽关于洪洞移民传说的研究进行讨论。

牧野巽关于洪洞移民传说的研究是从介绍李景汉的调查情况开始的，然后又提到马长寿的研究，将洪洞移民的范围从河北扩大到河南、山东、皖北、苏北等地，最后引述了洪洞在清末民初时编纂的《古大槐树处记》。此外，牧野巽还提到了金陵大学的《农村调查报告》，因为其中也涉及洪洞移民问题，但他比较集中地讨论了马长寿的文章，因为其中注意到了移民原籍和移民出发地的区分问题，牧野巽认为这个问题十分重要，因为按照官修文献的记载，明初山西移民的移出地绝非洪洞或者平阳一处，所以洪洞只能被作为移民的出发地来看待。牧野巽对光绪年间《深州风土记》和晋北朔县马邑乡的研究也与洪洞移民有直接关系。在前者中，他特别注意到当地大族的族谱中，哪些既记录了迁出地，也记录了原籍，哪些则仅记录了迁出地，其中记录了原籍的家族只占所有移民家族的20%左右，而自称来自山西的则占了70%。在自称来自山西的移民家族中，有的说从枣林村迁来，有的说从金陵小兴村迁来，有的说自小兴州迁来，而这些地名，往往是自称山东等地移民的迁出地象征。在后者中，牧野巽同样注意资料中关于原籍和迁出地的区分，在所调查的自称来自洪洞的12个姓氏中，分别提及原籍为山西夏县、河南开封、陕西西安、山东曹州的共 6 姓，另一半则不知原籍。似乎在他看来，洪洞作为移民的出发地或迁出地甚至所谓"中转站"，都是有可能的。[33]

严格说来，牧野巽的研究并不是历史学的研究，他也没有自己通过一手材料的搜集来进行更加深入的分析，但是他还是提出了移民对祖先来自何处的"想象"的问题，认为这种祖先同乡的传说在越大的范围内的人群中传播，其真实性就越值得怀疑。为什么在中国各地都有这类祖先同乡的传说呢？他认为，"各个地域内的居民，如果仅仅是现在住在同一地域、使用同一方言、拥有类似习俗，是不会有同种人的意识的；他们由于拥有祖先以前来自同一故乡这一共同的历史观念，因而具有双重的同乡观念"[34]。濑川昌久认为，牧野巽的见解"与希望最大限度地从传说中解读出过去事实之沉淀物的历史学家的立场迥然不同，他决心从传播传说的后世人们的意识结构中去发现真实性的思路，表现出一种社会学和文化人类学性质的解释策略"⑤。这无疑为后人的研究提供了拓展的空间。

但是，祖先同乡传说的出现与传播，完全是出于建构"同种人的意识"的需要吗？如果是这样的话，那么为什么明明是"不同种"的人需要建构这样的意识呢？此外，在一个数百年的历史过程中，是否一直是由这样的动机支配，还是在不同的历史时段中有着不同的动机？深层文化结构是否只是静止不变的，还是需要在一个动态的历史过程中去考察？甚至，这类传说在空间上的趋异与趋同（divergence and convergence in space）是否需要在时间的脉络中才能得到更好的理解，以回应马歇尔·萨林斯（Marshall Sahlins）关于历史人类学的基本看法？⑥

总之，20世纪关于洪洞大槐树移民研究的总体概况是沿着两条路线演进的。一是透过传说去寻找真实的历史，虽然按照传统移民史的研究理路来看，上述关于洪洞大槐树移民的一系列研究在相当程度上深化了明朝山西移民史的研究，但这类研究可能忽略了以下情形：洪洞大槐树传说与其说反映了一个真实的历史事件，毋宁说它更是一个非常复杂的历史、文化现象；同时，这类研究忽略了这些传说背后的文化心理过程。二是按照传统人类学的理路来研究，它反映了错综纷纭的移民传说背后共同的文化结构和心路历程，但忽略了这一结构与历程置身其中的历史脉络，忽略了这一结构与历程本身就是历史变迁的产物，自然也就忽略了其产生的具体时空情境。

六、移民传说研究与华南宗族研究

如前所述，对移民及其传说的探讨必须与对宗族的研究结合起来，这不仅是由于移民传说"但不见诸史，惟详于谱牒"㊲，必须对此做出解释，而且华南的移民传说研究在与宗族研究相结合方面，做出了许多有力的说明，可以作为华北移民及其传说研究的重要参照。

在华南移民传说中，以珠江三角洲的南雄珠玑巷移民传说和客家的石壁村或石壁村葛藤坑移民传说最为著名，因而学者们对这两者也最为关注。就前者而论，以往的学者们在认定南宋至元初自南雄珠玑巷向珠江三角洲移民史实的基础上，具体分析其迁移的原因和结果，特别是迁移对珠江三角洲地区开发的意义。㊳也正是在笃信自称南雄珠玑巷移民身份真实性的基础上，有些学者才进一步认定，由于这些移民并非完全是贫苦农民，而且有相当多的士人、富人，并且得到了政府的支持，才能完成对珠江三角洲全方位的开发建设。这背后隐含着一个价值判断，即当时的本土居民不可能具备导致这样一个开发结果的文化和经济实力。

20 世纪 90 年代以后的研究开始有了重大的突破。刘志伟通过研究认为，在自称来自南雄珠玑巷的人们中，有相当大的部分可能就是本土居民，其如此自称的原因，则在于明清时期，人们要确立正统化的身份认同，最重要的是要与瑶人、蛋民、畲人划清界限，与"无籍之徒"划清界限，证明自己出身于来自中原的世家，定居时合法地获得了户籍。把自己家族的来历讲明，通过家谱来建立起家族的历史，是一条基本的途径。他认为，明清时期广东许多地方家族在编修族谱的时候，往往是把传说和士大夫的文献传统糅合起来，通过附会远代祖先，把口传的祖先谱系与按照书写传统建立起来的谱系连接起来。③⑨

为什么两者会存在这样的不同？其主要原因是对所依据的主要文献的认识不同。前者首先对族谱采取了基本采信的态度，没有把握口述传统（传说）如何巧妙地融入文献传统（族谱）的过程，口述传统通过摇身一变而成为通常被认为是最可信的文献形式之后，不仅骗过了时人，也骗过了后世的学者。而后者则对族谱或者史料采取了谨慎的态度，认为在利用它来进行相关研究之前，首先要做的是对它的编纂者、编纂目的、编纂过程及其所处的时代环境进行研究，否则我们就不具备利用这些材料进行研究的前提。因此，在这个意义上，傅斯年所谓"史学即史料学"的说法是有意义的。但尽管如此，我们还是可以追问，在入籍的时候，是否一定需要人们具备一种正统化的、有某种"来历"的身份？这是否官府的强制性要求？此外，这种传说是如何被创造出来的？为何说来自此处而非彼处？我们是否也可以找出另外一套方法，对这种口述传统进行一番我们对文献传统所做的探讨？

就客家的石壁村移民传说来说，对其的研究大体上也经历了一个由采信到怀疑的转变过程。

关于客家移民研究，罗香林的《客家研究导论》(1933年)和《客家源流考》(1950年)实为奠基之作。[40]他及以后学者的相关研究，参见本书第97～99页，此处不赘。不过，陈春声进一步梳理了罗香林和饶宗颐等先生的有关研究，强调前辈学者与其说关注的是客家人血统的源流，不如说关注的是这一身份认同的建构过程。他指出，18世纪以后编修的族谱讲述宁化石壁村的客家源流故事，是在明清之际出现的，具有18世纪宗族组织普遍建立和族谱大量编修的背景。其中一些讲不同方言的人群迁移到讲不同方言的本土居民的地方，发生了各种冲突，后者则将其称为"客"。这些很可能是从南岭山区迁移下来的人群在逐渐站稳脚跟之后，或者是为了站稳脚跟，也在建立宗族组织的同时，开始讲述自己的祖先故事，而其来自中原的说法，也许出自更晚的时期。[41]

华南研究的启示在于，将这一类祖先移民的传说置于具体的地方历史进程中去理解和解释，而不拘泥于争论这些传说的"真实性"。曹树基研究"江西填湖广"的结论是："瓦屑坝"移民并非传说甚至虚构，而是历史真实。[42]陈世松等人也通过碑刻、考古材料和民间文献，证实了四川移民来自"麻城孝感乡"的说法并非子虚乌有。[43]

这些研究不仅有很强的说服力，而且提供了许多可以进一步思考和分析的材料。但是，即使证实了口称祖先来自某处的人群的确来自彼处，甚至证实了这个地方的确是某种意义上的移民"中转站"，那也只是此类研究的开端，因为最重要的是，移民及其后裔为何众口一词地强调这个说法，这个说法对于他们各自来说究竟有何意义。

最近两年，重庆市荣昌区政府、信阳师范大学历史文化学院先后召开有关移民史的学术会议，探讨"湖广填四川"和中原移民开发福建的问题，由此可知本地的立场始终是存在的，相信历史上也同样如此。但当这些问题进入学术领域之后，学者们便会从不同的角度加以审视，而未必与本地的立场完全一致。历史人类学的立场是并不纠结于移民传说所述事实的真伪，而是去看创造和传播这些传说的人群，到底是为了什么。我们知道，这些传说十之八九是在移入地创造出来并传播开来的，至少，移入地比移出地更重视这些说法。因此，对答案的寻求，其实就是移入地的区域史。

非常巧合的是，我前一次开会去的重庆，有个喻氏大族，而后一次开会去的河南，也有一个喻氏大族，两族在明嘉靖初年于江西丰城完成联宗，都以江西丰城为祖先移出地。但这种情况对江西老家的意义有限，而与他们各自在四川和河南的发展密切相关。遗憾的是，目前对川南和豫南的研究非常薄弱，使我们很难给出什么答案。不过，我们到底应该做什么，至此便清楚了。

注　释

① 田方、陈一筠主编：《中国移民史略》，北京，知识出版社，1986。田方、林发棠主编：《中国人口迁移》，北京，知识出版社，1986。石方：《中国人口迁移史稿》，哈尔滨，黑龙江人民出版社，1990。葛剑雄、曹树基、吴松弟：《简明中国移民史》，福州，福建人民出版社，1993。葛剑雄主编，葛剑雄、曹树基、吴松弟分撰：《中国移民史》六卷本，福州，福建人民出版社，1997。

② 1932年谭其骧发表的《湖南人由来考》是移民史中区域研究的力作，谭其骧先生有关移民史的研究主要见于《长水集》(上、下、续编)，由人民出版社于1987年及1994年出版。其后涌现了大量的区域性移民史研

究成果，代表性研究如安介生的《山西移民史》、张国雄的《明清时期的两湖移民》、陆韧的《变迁与交融——明代云南汉族移民研究》等。

③　前面提到的葛剑雄主编的六卷本《中国移民史》的研究时段就是从有确切文字记载的历史开始至20世纪前期，是长时段研究的一个标志性成果。

④　代表性研究有吴松弟的《北方移民与南宋社会变迁》(台北，文津出版社，1993)、周振鹤的《唐代安史之乱和北方人民的南迁》(载《中华文史论丛》，1987年第2、3期合刊)、徐泓的《明洪武年间的人口移徙》《明永乐年间的户口移徙》(见《第一届历史与中国社会变迁研讨会论文集》，台北，"中央研究院"，1982)等。

⑤　参见(明)冯梦龙：《警世通言》第二十四卷《玉堂春落难逢夫》，322～357页，北京，人民文学出版社，1956。

⑥　孙奂仑、贺椿寿修，韩垧纂：民国《洪洞县志》卷七《舆地志·古迹》，9页上，上海，商务印书馆代印，1917。

⑦　景大启等：《洪洞古大槐树志》，1921年石印本。

⑧　赵戴文：《读山西洪洞大槐树志并序》，见柳蓉、柴汝桢辑：《增广山西洪洞古大槐树志》卷一，24页上，山西洪洞积祥斋石印局印，1931。

⑨　赵戴文：《洪洞古大槐树志序》，见柳蓉、柴汝桢辑：《增广山西洪洞古大槐树志》卷末《叙录》，32页下。

⑩　参见李景汉：《定县社会概况调查》["民国丛书"第四编(17)]，73～75页，上海，上海书店，1992。

⑪　参见李景汉：《定县社会概况调查》，171～172页。

⑫　参见马长寿：《洪洞迁民的社会学研究》，载《社会学刊》，第3卷，第4期，1933。

⑬　郭豫才：《洪洞移民传说之考实》，载《禹贡》，第7卷，第10期，1937。

⑭　傅振伦在1986年为《洪洞古大槐树志》所作的序言中说："当今盛世修志，山西洪洞县志办公室，就国人传颂的洪洞迁民资料，博采史籍、方志、碑刻、谱牒、传说，辑为《洪洞古大槐树志》，这一部谱学专门史志，

不是封建士族的家谱，而是移民之史、人民之史。"1983年12月费孝通在致李毓珍的信中说："至于足小趾的指甲都是两瓣，我也听到过这个传说，但没有见过。至于说凡是从'大槐树'来的人都有这个特点，恐怕不确，可以观察一下。你设想这种人和蒙古人有关，我看也许范围可能还要大些，看来和元末明初人口的移动是有关的。希望你能继续研究这个问题。"以上均引自林中元(林中园)编著：《迁民后裔话迁民》，52、57页，临汾印业有限责任公司印，2002年山西新闻出版局内部准印本。

⑮　张崇发：《山西洪洞大槐树》，载《文物天地》，1982(1)。续琨：《明初洪洞移民考略》，载《东方杂志》，第15卷，第7期，1982。尹德民：《明初山东移民来自洪洞之考证——纂修〈尹氏族谱〉之心得》，载《中华文化复兴月刊》，第15卷，第8期，1982。杨安祥：《问我祖先来何处　山西洪洞大槐树——大槐树迁民历史地位初探》，载《山西师院学报(社会科学版)》，1984(3)。王兴亚：《浚县明清碑刻中的明初迁民资料》，载《中原文物》，1985(2)。李广洁：《洪洞古槐与明代移民》，载《文史知识》，1989(12)。扈新起：《洪洞大槐树的风俗及其传说》，载《民俗研究》，1990(4)。高胜恩、楚刃：《关于明初洪洞大槐树迁民的几个问题》，载《晋阳学刊》，1993(4)。张同忠：《洪洞移民初探》，载《天中学刊(驻马店师专学报)》，1995(3)。魏隽如：《明初移民保定的小兴州人为何称来自山西或洪洞县》，载《中国历史地理论丛》，2000(2)；《明初山西移民保定的历史原因及其影响》，载《河北大学学报(哲学社会科学版)》，2000(3)。李靖莉、孙远方、宋平：《黄河三角洲洪洞移民考》，载《东方论坛(青岛大学学报)》，2002(4)。李靖莉：《黄河三角洲山西移民的特点》，载《文史哲》，2003(1)。刘郁瑞：《古槐移民与古槐文化》，载《山西师大学报(社会科学版)》，2001(1)。张青：《洪洞大槐树移民考》，载《中国地方志》，2003年增刊。李永芳、周楠：《明初洪洞移民在河南的历史考察》，载《商丘师范学院学报》，2004(4)。

⑯　林中园曾任洪洞县志办主任，主编《洪洞县地名录》，合著《洪洞古大槐树志》《寻根在洪洞——洪洞古大槐树处移民志》，著有《迁民后裔话迁民》等。

⑰　张青著有《山西洪洞大槐树》《洪洞大槐树移民志》，合著有《寻根在洪洞——洪洞古大槐树处移民志》《洪洞古大槐树志》，编著有《历代名人咏洪洞》，编辑有《洪洞名胜与传说》，编纂有《苏三监狱志》，点校出版有民版《洪洞县志》、道光版《赵城县志》，《洪洞县水利志补》和《增广山西洪洞古大槐树志》等。

⑱　参见黄泽岭编著：《移民大迁徙》，北京，当代中国出版社，2001。

⑲　曹树基：《中国移民史》第 5 卷，福州，福建人民出版社，1997。安介生：《山西移民史》，太原，山西人民出版社，1999。[日]牧野巽：《中国の移住伝说》，见《牧野巽著作集》第 5 卷，东京，御茶水书房，1985。

⑳　李靖莉、孙远方、宋平：《黄河三角洲洪洞移民考》，载《东方论坛（青岛大学学报）》，2002(4)，51 页。

㉑　参见张青：《洪洞大槐树移民考》，载《中国地方志》，2003 年增刊，26 页。

㉒　李永芳、周楠在《明初洪洞移民在河南的历史考察》一文中写道："在明初 50 余年间，从山西洪洞大槐树处分赴全国各地的迁民次数大致为18 次，其中直接迁往河南的就有 10 次之多。"

㉓　安介生：《山西移民史》，312 页。引文略有改动。

㉔　张青：《洪洞大槐树移民考》，载《中国地方志》，2003 年增刊，27 页。

㉕　参见刘郁瑞：《古槐移民与古槐文化》，载《山西师大学报（社会科学版）》，2001(1)；张青：《洪洞大槐树移民考》，载《中国地方志》，2003 年增刊。

㉖　参见叶涛：《移民·山东人·山东民俗》，载《东岳论丛》，1997(6)。

㉗　赵世瑜：《我是什么人？我是哪里人？》，载《读书》，1999(7)，140 页。

㉘　葛剑雄：《家山何止大槐树（序）》，见安介生：《山西移民史》，1 页。

㉙　张青：《洪洞大槐树移民考》，载《中国地方志》，2003 年增刊，

25页。

㉚ 参见曹树基：《中国移民史》第5卷，50～51页。

㉛ 曹树基：《中国移民史》第5卷，160～265页。

㉜ 最近日本学者的接续性研究有中生胜美的《中国华北平原的移住传说》（载大阪市立大学大学院《人文研究》第54卷，2003年第8期）。该文是讨论山东潍坊市洪洞移民的新作。

㉝ 参见［日］牧野巽：《中国の移住伝説》，见《牧野巽著作集》第5卷，31～53页。

㉞ ［日］牧野巽：《中国の移住伝説》，见《牧野巽著作集》第5卷，162页。

㉟ ［日］濑川昌久：《族谱：华南汉族的宗族·风水·移居》，钱杭译，192页，上海，上海书店出版社，1999。

㊱ 萨林斯曾写道："历史乃是依据事物的意义图式并以文化的方式安排的，在不同的社会中，其情形千差万别。但也可以倒过来说：文化的图式也是以历史的方式进行安排的，因为它们在实践展演的过程中，其意义或多或少地受到重新估价。"（［美］马歇尔·萨林斯：《历史之岛》，蓝达居、张宏明、黄向春等译，3页，上海，上海人民出版社，2003。）

㊲ 赵戴文：《洪洞古大槐树志序》，见柳蓉、柴汝桢辑：《增广山西洪洞古大槐树志》卷末《叙录》，32页下。

㊳ 这可以20世纪90年代初的两部书为代表，反映了80年代及以前学者对此问题的基本认识和研究方法。参见南雄珠玑巷人南迁后裔联谊会筹委会编：《南雄珠玑巷人南迁史话》，广州，中山大学出版社，1991；曾昭璇、曾宪珊著，南雄珠玑巷人南迁后裔联谊会筹委会编：《宋代珠玑巷迁民与珠江三角洲农业发展》，广州，暨南大学出版社，1995。

㊴ 参见刘志伟：《附会、传说与历史真实——珠江三角洲族谱中宗族历史的叙事结构及其意义》，见上海图书馆编：《中国谱牒研究——全国谱牒开发与利用学术研讨会论文集》，149～162页，上海，上海古籍出版社，1999；《族谱与文化认同——广东族谱中的口述传统》，见上海图书馆编：

《中华谱牒研究——迈入新世纪中国族谱国际学术研讨会论文集》，32～42页，上海，上海科学技术文献出版社，2000。

⑩ 罗香林：《客家研究导论》，上海，上海文艺出版社，1992；《客家源流考》，北京，中国华侨出版公司，1989。

⑪ 参见陈春声：《论1640—1940年韩江流域民众"客家观念"的演变》，载《客家研究辑刊》，2006(2)；《地域社会史研究中的族群问题——以"潮州人"与"客家人"的分界为例》，载《汕头大学学报(人文社会科学版)》，2007(2)。

⑫ 参见曹树基：《"瓦屑坝"移民：传说还是史实》，见凌礼潮主编：《明清移民与社会变迁——"麻城孝感乡现象"学术研讨会论文集》，11～34页，武汉，湖北人民出版社，2012。

⑬ 参见陈世松等：《大移民——"湖广填四川"故乡记忆》，成都，四川人民出版社，2015。

后　记

2015 年年末，香港卓越学科领域计划（AoE）项目"中国社会的历史人类学研究"第二阶段的中期工作会议在香港中文大学召开。北京师范大学出版社的宋旭景编辑带着组稿的目的与会。连续两个晚上，大家在我的房间闲聊，她终于有了收获，其中之一就是这套书的策划。很重要的原因就是：第一，比较年轻的学者陆续有了新的研究计划，可以先用一个较小的篇幅"试水"；第二，比较年老的一代没有精力开辟新的领域，但可以用一些较成熟的个案将方法论意义凸显出来。既然我是推动者之一，我也只好编一本出来。

我要感谢学术界同行的支持。我先后以该主题的论文应邀参加了中山大学主办的"历史人类学的理论与实践"学术研讨会(2001 年 7 月)、美国印第安纳大学"历史记忆"学术研讨会(2003 年 11 月)和澳门利氏学社"历史与记忆：反思过往，建设未来"国际研讨会(2005 年 12 月)。在那里，我得到了与会学者的很多有益的指教，特别是中山大学刘志伟教授的研究，上海交通大学曹树基教授、美国印第安纳大学司徒琳(Lynn Struve)教授和韦尔斯利学院柯文教授的指教，给了我很大的启发。

我还要感谢我的学生们。长期以来，他们分别以河北、山西、山东、河南、陕西、湖南、四川、云南等地的问题为研究主题，进行硕士论文、博士论文的写作。在和他们一起进行田野考察和学术讨论的过程中，我也得到了许多新的启示。其中杜正贞博士对晋东南地区的研究、户华为博士对洛阳地区的研究、李留文博士对豫西北地区的研究、乔新华博士对洪洞地区的研究等，都对我有直接的帮助。

在以上内容完成或发表之后，我陆续又出版了一些相关主题的新成果，在此未能一一加以讨论，特向读者和学术界同行表示歉意。

图书在版编目(CIP)数据

说不尽的大槐树：祖先记忆、家园象征与族群历史/赵世瑜
著. —北京：北京师范大学出版社，2018.3(2024.3 重印)
(历史人类学小丛书)
ISBN 978-7-303-22914-7

Ⅰ.①说…　Ⅱ.①赵…　Ⅲ.①移民－历史－研究－洪洞县
Ⅳ.①D69

中国版本图书馆 CIP 数据核字(2017)第 237160 号

营　销　中　心　电　话　010-58808006
北 京 师 范 大 学 出 版 社　　新史学 1902
新史学策划部微信公众号

SHUOBUJIN DE DAHUAISHU
出版发行：北京师范大学出版社　www.bnupg.com
　　　　　北京市西城区新街口外大街 12-3 号
　　　　　邮政编码：100088
印　　刷：北京盛通印刷股份有限公司
经　　销：全国新华书店
开　　本：890 mm×1240 mm　1/32
印　　张：5.375
字　　数：75 千字
版　　次：2018 年 3 月第 1 版
印　　次：2024 年 3 月第 4 次印刷
定　　价：39.00 元

策划编辑：宋旭景　　　　责任编辑：曹欣欣
美术编辑：王齐云　　　　装帧设计：王齐云
责任校对：陈　民　　　　责任印制：陈　涛　赵　龙